PLAIDOYER

PRONONCÉ

PAR M. MÉRILHOU, AVOCAT,

POUR MM. COMTE ET DUNOYER,

AUTEURS DU CENSEUR EUROPÉEN,

PRÉVENUS D'ÉCRITS SÉDITIEUX.

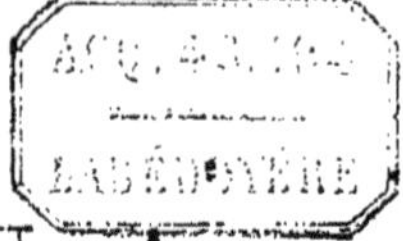

*Audience du tribunal de police correctionnelle
de la Seine, du 5 août 1817.*

A PARIS,

AU BUREAU DU CENSEUR EUROPÉEN,
RUE GÎT-LE-COEUR, N°. 10;

CHEZ DELAUNAY, Libraire, Palais-Royal, galerie de Bois,

ET RENAUDIERE, Imprimeur - Libraire, rue des
Prouvaires, n°. 16.

1817.

PLAIDOYER

POUR

MM. COMTE ET DUNOYER,

AUTEURS DU CENSEUR EUROPÉEN.

—◆—◈—◆—

MESSIEURS,

LES nouvelles lois politiques vous ont investis des plus importantes attributions de la magistrature. En vous appelant à juger les délits de la presse, elles ont mis, sous la garantie de votre indépendance, la plus précieuse de toutes nos libertés, celle sans laquelle toutes les autres seraient facilement envahies, et bientôt perdues sans retour. En fixant les limites où finit l'usage légitime et où commence l'abus, vous avez à compléter le système de la législation, à expliquer ses obscurités, et à suppléer à son insuffisance. Ainsi, lorsque vous appliquerez la loi pénale, vous en chercherez l'esprit, non pas dans des idées de rigueur, mais dans la charte constitutionnelle que vous avez juré de maintenir, dans

1

cette charte que la loi pénale a voulu compléter et non pas anéantir.

Si quelque ambiguité pouvait se trouver dans la loi pénale, si vous aviez à choisir entre le sens de la charte éternelle et celui de la loi transitoire, vous ne sauriez balancer long-temps, et vous vous souviendriez que la constitution ne vous a revêtus de cette éminence de dignité, de cette inamovibilité de pouvoirs, de cette inviolabilité presque royale, que comme d'autant d'armes destinées à protéger les prérogatives nationales.

Ce n'est plus en effet ici ni la liberté d'un citoyen obscur, ni la décision de quelques intérêts privés qui fait l'objet de vos sollicitudes. C'est un intérêt général qui vous est soumis ; c'est la France entière qui attend avec anxiété votre jugement, pour apprendre si vous donnerez au ministère l'inviolabilité que la constitution lui refuse, et si vous condamnerez au silence des cachots deux écrivains qui, par leurs talens et leur noble caractère, ont rendu tant de services à la cause de la liberté constitutionnelle.

La société qu'ils ont servie ne les a point abandonnés au péril qu'ils ont affronté pour elle. S'est-il agi de cautionner leurs principes constitutionnels ? des jurisconsultes chers au barreau se sont empressés de rendre hommage à la légitimité de la censure qu'ils ont exercée. A-t-on entrevu quelque espoir d'adoucir les rigueurs d'une captivité jusqu'alors inouie ? une foule de citoyens de tous les rangs ont brigué, de la justice, l'honneur de leur servir d'otage : des pairs de France, des députés, des généraux, des banquiers, des gens de lettres, des négocians, composent cette liste honorable, et attestent assez, par cette déclaration solennelle, que les auteurs du Censeur Européen n'ont été que les interprètes de leurs concitoyens.

Ce ne sont donc pas des perturbateurs, ces hommes que dans la première partie de l'instruction, on a traités à l'égal des plus vils malfaiteurs. Le ministère public, en leur rendant à la dernière audience une si complette et si éclatante justice, n'a donc fait qu'exprimer un sentiment partagé par la société toute entière.

L'accusation qui conduit les auteurs du Censeur Européen sur des bancs d'où une vie honorable et pure semblait devoir les éloigner, commencée d'abord avec un appareil effrayant, avec l'assistance *de M. le grand prévôt*, se réduit chaque jour davantage. L'ordonnance de la chambre du conseil avait trouvé six délits différens dans le livre du Censeur ; aujourd'hui le ministère public en abandonne quatre. La sagesse et l'impartialité qui caractérisent son éloquent organe, ne lui ont pas permis de les présenter à l'épreuve des débats de l'audience. Graces lui soient rendues ! je le remercie sur-tout pour moi même de m'avoir épargné la discussion d'un point sur lequel le juge instructeur avait paru insister fortement, et qui, pour la nécessité de ma défense, me conduisait à des réflexions déchirantes pour des cœurs français.

DISCUSSION.

Première partie. — *Moyens préjudiciels.*

Le ministère public s'est borné dans la dernière audience à examiner les questions que peut présenter le fond du procès actuel. Chargé de soutenir l'accusation, il devait, en effet, se contenter de développer les motifs qui lui paraissent propres à établir que le livre dont il s'agit est un écrit séditieux. Il a dû laisser de côté les moyens que les vices de la procédure peuvent fournir aux prévenus ; sous ce rapport, il était naturel qu'il attendît les objections que notre devoir nous commande de proposer, avant d'entrer dans l'examen du mérite de l'accusation.

Des avis nous ont été adressés par la partie publique au sujet des nullités qu'elle voyait bien que nous avions droit d'invoquer. Ces avis portaient bien l'empreinte de l'impartialité du magistrat qui en était l'organe. Dans la conviction qu'il doit avoir de la force des réponses qui justifieront le livre qu'il accuse, il était tout simple qu'il desirât que la discussion restât circonscrite dans les points qui doivent suffire à justifier pleinement les prévenus, dont il a, en quelque sorte, consacré le caractère par son impartial témoignage.

Toutefois, dans une cause criminelle, le prévenu est obligé par le devoir sacré de sa conservation personnelle, de ne négliger aucun des moyens que l'irrégularité des actes peut lui fournir. Il ne peut ni ne doit consacrer par son adhésion des procédures que la loi frappe de toute sa réprobation. Ces nullités, dès qu'elles existent, apppartiennent au prévenu; elles rentrent dans le petit nombre de ces moyens de conservation qu'il ne peut abandonner sans se trahir lui-même, et sans trahir la cause de ceux qui après lui, exposés au même danger, devront invoquer la protection des mêmes lois.

Les moyens que je dois vous soumettre sont au nombre de trois principaux : ils sont de nature telle que chacun d'eux, s'il réussit, vous dispensera du devoir d'entrer dans l'examen du livre qui vous est dénoncé, et des principes à l'aide desquels on veut donner à la loi de novembre 1815, une étendue menaçante pour les citoyens les plus paisibles et pour les droits les plus sacrés.

Ces moyens sont au nombre de trois :

1°. *La nullité de la saisie d'un ouvrage emporte-t-elle nullité des poursuites qui en ont été la conséquence ?*

2°. *Peut-il y avoir des poursuites criminelles contre les auteurs, lorsqu'ils se sont religieusement conformés à la loi du 21 octobre 1814 ?*

3°. *Enfin, le tribunal peut-il procéder au jugement du fond, lorsque le titre de la prévention, fixé par l'ordonnance de la chambre du conseil, ne constitue ni crime ni délit ?*

Ces différentes questions, comme vous le voyez, embrassent l'ensemble de la législation actuelle de la presse : leur solution constatera leur utilité. Le procès, dont vous êtes saisis, roule principalement sur l'étendue constitutionnelle de la liberté

(6)

de la presse. La nullité du titre de l'arrestation vous a été déjà soumise, et sera bientôt examinée par la Cour royale : on dirait que cette cause doit embrasser tout à la fois les difficultés les plus graves sur les droits les plus précieux des citoyens.

§ Ier. *La nullité de la saisie du livre emporte nullité des poursuites.*

La loi du 28 février 1817 dispose que lorsqu'un écrit aura été saisi, l'ordre et le procès-verbal de saisie seront, *sous peine de nullité*, notifiés dans les vingt-quatre heures à la partie saisie, qui pourra y former opposition. La loi ajoute que si, dans le délai de huitaine, la saisie n'est pas maintenue, elle demeurera de plein *droit périmée et sans effet, et que tous dépositaires de l'ouvrage saisi seront tenus de le remettre au propriétaire.*

Voilà le texte formel de la loi qu'il s'agit d'appliquer. Il en résulte deux choses, 1°. que dans le cas où la saisie n'a pas été notifiée, elle est nulle; 2°. que dans le cas où elle est nulle, le livre doit être rendu au propriétaire.

Lorsqu'une fois la saisie a frappé un livre, ou bien l'auteur garde le silence, et la saisie subsistera perpétuellement, et tout se bornera là, si le ministère public ne croit pas devoir sévir; ou bien l'auteur fera opposition à la saisie du livre, ou bien encore le ministère public, voyant un délit dans le livre qu'il a fait saisir, prendra lui-même l'initiative, et poursuivra l'auteur sans attendre son opposition.

Dans ces deux derniers cas, c'est-à-dire lorsqu'il y a action de la part du ministère public, ou des auteurs, ou de l'un et de l'autre à la fois, le tribunal correctionnel doit instruire et prononcer tout à la fois sur le sort du livre, et sur celui de la personne de l'auteur. Si le livre lui paraît constituer un délit prévu par la loi, il ordonnera la maintenue de la saisie, et condamnera l'auteur. Si le livre ne lui paraît pas criminel, il annullera la saisie, et acquittera l'auteur. Toujours il est essentiel de remarquer que le sort du livre et celui de l'auteur sont indivisibles ; et quoi qu'en aient pensé quelques personnes, on ne peut pas plus acquitter l'auteur et garder le livre, qu'acquitter le livre et condamner l'auteur. Dans un cas, ce serait un crime sans criminel, et dans l'autre cas, un criminel sans crime.

Cette indivisibilité du jugement du livre et de celui de l'auteur, est attestée par la déclaration formelle de Son Excellence le comte de Cazes, ministre de la police.

Dans la séance de la chambre des pairs, du 25 février 1817, lors de la discussion de la loi qu'on examine, un noble duc qui s'opposait à la loi, pensait que, « par une fiction nouvelle, le livre » saisi allait devenir l'objet de la poursuite. » C'est, disait-il, contre ce prévenu d'un nou- » veau genre qu'on instrumente et qu'on pro- » céde : c'est sur sa mise en liberté (du livre) » qu'il doit être statué dans la huitaine...... On » conçoit aisément ce qui a déterminé les rédac- » teurs à substituer ainsi un livre à un homme.

» Celui-ci parle, et peut quelquefois embarasser;
» l'autre se laisse condamner sans mot dire......
» Cependant la condamnation de l'ouvrage for-
» mera contre l'auteur une prévention acca-
» blante, prévention dont il sera facile d'abuser
» pour tenir celui-ci dans une perpétuelle dé-
» pendance. Voilà ce qu'on appelle la liberté de
» la presse ! ..... »

On s'aperçoit que cet illustre pair voyait la loi
avec quelque méfiance, et qu'il était sur-tout ef-
frayé de l'idée qu'on pût diviser le sort du livre
de celui de l'auteur, et avant de juger l'auteur
contradictoirement, commencer par juger le
livre muet à huis clos.

Le ministre de la police répondit « qu'il n'était
» pas exact de dire que le jugement serait rendu
» à huis clos, et sans entendre de défenseurs;
» car, disait-il, l'audience des tribunaux correc-
» tionnels, comme celle des Cours d'Assises,
» n'est-elle pas publique...... Une erreur plus
» grave encore doit être relevée par le ministre.
» Le noble duc suppose que, par un détour
» adroit, on a voulu substituer la personne
» muette du livre à celle de l'auteur...... Mais
» cette théorie lui appartient toute entière. La
» loi proposée ne sépare point le délit et le pré-
» venu. Elle poursuit à la fois l'un et l'autre, ou
» plutôt c'est à celui-ci qu'elle demande compte
» des torts causés par celui-là. En présentant la
» loi à l'autre chambre, le ministre a dit : *Les*
» *lois criminelles ne peuvent atteindre les choses*
» *matérielles; elles ne frappent que les per-*
» *sonnes : aucune disposition pénale n'est por-*
» *tée contre un écrit en lui-même, quelque fu-*

» *nesté qu'il puisse être : la loi n'atteint que*
» *l'auteur et ses complices, de telle sorte qu'il*
» *ne saurait arriver que l'auteur fut acquitté*
» *et l'ouvrage condamné.* »

Ces passages sont extraits du procès-verbal de la chambre des pairs, session de 1816, n°. 34, pag. 885, 897, 898.

Il résulte de ces explications officielles que, dans le système de la loi du 2S février 1817, le jugement du livre et le jugement de l'auteur ne peuvent jamais être séparés ; que l'un ne peut pas être condamné sans l'autre, et qu'ainsi l'auteur ne pourrait pas plus être poursuivi, lorsque le livre ne peut pas l'être, que le livre ne peut être condamné après l'acquittement de l'auteur.

Cela posé, il faut tenir, comme l'a déclaré le même ministre, que la saisie est le moyen pour arriver jusqu'à l'auteur ; c'est le premier acte par lequel commence la procédure correctionnelle contre celui qui provoquerait la sédition par ses écrits. Par là le livre est placé sous la main de la justice ; et dans l'économie de la loi nouvelle, l'autorité est tenue de déclarer qu'elle arrête le livre, pour pouvoir arrêter et faire condamner l'auteur. Cette saisie est dans les délits de la presse, ce qu'on appelle dans les délits ordinaires le procès-verbal du corps du délit ; on constate le crime à l'instant où on le commet, à l'instant où on vient de le commettre.

Si donc une saisie a été faite, si elle a été abandonnée ensuite à la péremption dont la loi la menaçait, il est évident qu'on ne peut pas plus recommencer de nouveau la saisie et les poursuites après cet abandon suivi de la péremption, qu'on

ne pourrait recommencer une procédure criminelle ordinaire après que la prescription de dix
ans serait intervenue sur le procès-verbal du corps
de délit, conformément à l'article 637 du Code
d'instruction criminelle.

Dans l'un et l'autre cas, la personne qui serait
l'objet de cette poursuite renouvelée, ne peut
manquer de repousser cette tentative par le bouclier tutélaire de la prescription, par l'irrésistible
raison de l'abandon de la première poursuite.

La saisie du livre a été le premier acte, le fondement nécessaire de la poursuite criminelle ;
l'abandon et la péremption de cette pièce, l'impossibilité de la renouveler, sont pour l'auteur
une garantie suffisante.

Lorsque l'autorité ne fait pas ce premier acte,
et que la péremption vient anéantir en ses mains
le droit de le faire, ou lorsque l'ayant fait, elle
l'abandonne sans le pouvoir renouveler, elle re-
nonce au droit de poursuivre, et consent par
son silence à le laisser circuler librement.—Sans
cela, il est impossible à l'esprit le plus exercé,
de concevoir ni l'utilité de la saisie, ni le but des
formes et des délais tutélaires indiqués par la loi,
ni le·motif de l'indivisibilité de la poursuite du
livre et de la poursuite de l'auteur.

Ce but de la saisie des livres est fixé dans ce
sens d'une manière très-précise, par le § 3, article 15, tit. 2, de la loi du 21 octobre 1814. *Il
y a lieu à saisie et séquestre d'un ouvrage*, dit
cette loi, *si l'ouvrage est déféré aux tribunaux
pour son contenu.*

La saisie est donc corélative à la poursuite ;
elle en est la base et le principe : c'est pour arri-

ver à la poursuite qu'elle est faite ; elle n'est faite que pour cela. C'est par la saisie du livre que doit commencer la poursuite de l'auteur.

La conséquence de ce qui précède est que lorsque la saisie du livre ne peut pas être maintenue l'auteur est à l'abri de toute recherche.

Appliquons ces principes à la cause à laquelle vous accordez votre bienveillante attention.

La saisie du 3e. volume du Censeur Européen a été faite le 7 juin ; elle n'a point été notifiée dans les vingt-quatre heures, ou ce qui est la même chose, la signification qui en avait été faite, a été abandonnée par le ministère public.

S'il n'y a pas eu de notification , il n'y a pas eu de saisie régulière : la loi du 28 février y est formelle ; s'il n'y a pas eu de saisie régulière, ou bien si la saisie qui avait été faite a été abandonnée par le ministère public en même temps que la notification même, le droit de saisir, et en même temps le droit de poursuivre qui s'identifie avec lui, reste anéanti par la péremption et par l'abandon qu'en fait l'autorité compétente.

Le ministère public objectera peut être qu'il existe une seconde saisie, faite le 10 juin , et que du moins cette saisie peut devenir la base d'une procédure régulière.

Mais tant que la langue de la législation ne sera pas tout-à-fait pervertie, tant que quelques-unes de ses maximes survivront parmi nous, jamais on ne donnera le nom de saisie à un acte de ce genre ; jamais les tribunaux n'admettront qu'un droit épuisé par l'usage qu'on en a fait, et soumis pour cet usage même à des délais péremptoires, puisse être exercé autant de fois qu'il pourra plaire à celui à qui il appartenait.

Une saisie, aux yeux de la raison et de la loi, est l'acte qui met un livre sous la main de justice, et en dessaisit l'auteur. Il faut qu'il y ait déplacement réel, changement de place, translation du lieu où l'auteur le possédait, dans celui où la justice le possédera pour lui. L'auteur perd par là tout à la fois et la possession naturelle, et la possession civile ; il n'en conserve que la nue propriété, et encore avec la condition de ne pouvoir en disposer, et le danger d'en être dé- pouillé définitivement par le jugement qui doit intervenir.

Le ministère public, le lendemain de la saisie, craignant l'effet de la nullité dont elle était entachée, a fait sommer les auteurs du Censeur de se trouver au greffe du tribunal ; ils n'ont pas cru devoir se rendre à cette sommation, puis- qu'elle avait pour objet de procéder à un acte désormais inutile. Au jour fixé, le commissaire de police s'est transporté au greffe, où il a trouvé les livres déjà saisis et transportés depuis quelques jours ; il a vérifié l'état de ces livres, qui n'é- taient certes plus dans la possession des au- teurs, puisqu'ils étaient sous les scellés du minis- tère public et sous la clé du concierge ; il a déclaré qu'il les saisissait de nouveau.

C'est là cet acte qu'on a appelé une *seconde saisie*, et qui n'est autre chose que ce qu'on ap- pelle ordinairement un procès-verbal de *récolle- ment*. Or, un procès-verbal de récolement n'est pas une *saisie*, puisqu'il n'y a pas déplacement ; ce n'est qu'une reconnaissance de l'état d'une première saisie, qui ne peut être obligatoire pour aucun gardien judiciaire, et qui n'est pas le titre de la détention nouvelle ; puisque cette détention a commencé et continué en vertu de la première saisie.

Mais , quand il serait vrai que ce *récolement* est une véritable saisie, elle serait encore irrégulière et inefficace par cela seul qu'elle aurait été faite à une époque où le droit de l'exécuter était périmé.

La liberté de la presse est un droit fondé sur la charte : il s'agissait de déterminer les moyens par lesquels on pouvait arrêter, le *plus promptement possible*, la circulation d'un livre qu'on se proposait de faire condamner un peu plus tard ; c'est ce qu'indique la loi de 1814, en déclarant qu'il y a lieu à saisie dans le cas où l'ouvrage doit être déféré aux tribunaux. Mais il fallait ne pas laisser à l'autorité le droit de laisser la saisie durer perpétuellement, ou bien de la faire sans cesse quand elle ne l'était pas, ou bien encore de la renouveler d'une manière inépuisable, et à volonté , jusqu'à ce qu'on fût parvenu à la faire régulière. Il est évident que la sécurité des auteurs et la liberté légitime de la presse n'étaient pas compatibles avec cette perpétuelle incertitude dans laquelle on pouvait tenir les écrivains. D'un autre côté, la faculté indéfinie, inépuisable , imprescriptible de faire et de renouveler les saisies n'était pas nécessaire à l'autorité pour l'exercice de la surveillance; il fallait que les saisies et par conséquent la faculté de saisir , et la faculté de renouveler les saisies, eussent une fin.

Tel a été le but de la loi du 28 février 1817.

Elle a voulu que la saisie, une fois attaquée par l'opposition, ne durât que huit jours, et qu'après qu'elle serait annulée, le livre fût rendu de suite à l'auteur ; ce qui exclut, bien certainement, la faculté de la renouveler aussi souvent qu'elle aurait été faite par des actes nuls.

Comment serait-il possible qu'à côté d'un texte aussi précis fût placé le droit de refaire plusieurs fois des saisies nulles ? A quoi serviraient les nullités, si elles pouvaient être sans cesse couvertes par des actes nouveaux ?

Mais, dit-on, dans le droit commun, les actes conservatoires des droits des particuliers peuvent être sans cesse renouvelés : pourquoi la saisie qui est un acte conservatoire du droit de la partie publique ne pourrait-elle pas l'être aussi, quoiqu'elle eût d'abord été faite par un acte nul ?

La réponse sera facile :

Dans le droit commun, les actes conservatoires du droit des parties peuvent être renouvelés, mais seulement lorsque le délai pour les faire n'est pas expiré. Ainsi il n'est pas permis de renouveler un acte d'appel, en cas de nullité du premier, lorsque les trois mois pour l'appel sont expirés ; il n'est pas permis non plus de renouveler l'opposition à un jugement par défaut, après que la huitaine accordée par la loi est passée.

Le texte législatif qui concerne la saisie, déclare que le livre sera rendu de suite, si la première saisie est déclarée nulle. Il doit en être de même, et le livre doit être rendu aussi, si, sans jugement qui annulle la saisie, la saisie a été désertée comme nulle par le ministère public ; car les jugemens déclarent le droit et ne le constituent pas , et une nullité reconnue doit être aussi puissante qu'une nullité jugée et judiciairement admise.

Si l'effet d'une saisie déclarée et jugée nulle ne peut être prolongé par une saisie nouvelle , il doit en être de même d'uue saisie *reconnue nulle :* la faculté d'en prolonger l'effet indéfiniment, ne peut pas plus s'appliquer à l'un qu'à l'autre cas , et ne peut être compatible avec une nullité efficace , ni avec l'intérêt des auteurs que la loi a voulu fixer d'une manière prompte et définitive.

Vainement prétendrait-on accorder quelque effet à une seconde saisie sous prétexte de l'intérêt public qui exige la punition des délits.

Ce prétexte si facile , qu'on peut appliquer à tout , n'est pas ici plus puissant que dans les délits de grand criminel , pour lesquels la loi admet la prescription , soit qu'il y ait eu ou qu'il n'y ait pas eu de poursuites commencées. A côté de l'intérêt public , qui réclame la punition des crimes , vient l'intérêt des particuliers qui favorise la prescription; si un vol ou un homicide ne peuvent plus être poursuivis dix ans après que les poursuites ont été commencées et abandonnées, il doit en être de même des délits commis par la presse, pour lesquels la loi doit être moins sévère et la péremption plus rapide.

Ainsi , une seconde saisie ne peut valoir, lorsqu'une première a été tentée inutilement; cette seconde saisie est réprouvée par le système entier des lois relatives aux abus de la presse. La première saisie étant nulle, la seconde doit l'être aussi; et la nullité de l'une et de l'autre doit

emporter nécessairement l'abandon des poursuites contre l'auteur, puisque le livre doit être
rendu de suite, et qu'aucune décision ne saurait
intervenir pour en autoriser de nouveau la saisie.
Une théorie contraire serait diamétralement opposée à la théorie de l'indivisibilité des deux poursuites, professée à la Chambre des Pairs par le ministre de la police générale.

La seconde saisie doit être encore annullée par
un autre motif. La loi voulait qu'elle fût maintenue dans la huitaine, à peine de nullité : elle a
bien été maintenue par une décision provisoire
rendue à huis clos, en la chambre du conseil ;
mais la loi prohibe précisément cette sorte de
procédure secrète, ainsi que s'en est expliqué
dans la chambres des pairs le ministre dont on
a déjà cité les déclarations. La loi ne reconnaît pas
cette maintenue provisoire : la loi voulait une
décision définitive, rendue à l'audience, contradictoirement avec les prévenus : il n'en a point
existé de semblable : donc la décision *de maintenue*, dont on se prévaut pour échapper à la
nullité, n'a pas d'existence légale. La nullité ne
saurait manquer d'être consacrée par les tribunaux, qui n'oublieront pas que cette loi du 28 février 1817, destinée à circonscrire un droit constitutionnel et par conséquent sacré, doit être
entendue dans un sens rigoureux contre la faculté de saisir, puisque le législateur n'a émis
cette loi nouvelle qu'à fin de donner des limites
plus étroites à la faculté de saisir, précédemment
affranchie de limites et de mesure.

Ainsi, Messieurs, en consacrant les nullités
que je vous propose, vous fixerez le sens d'une

loi nouvelle, dont la marche offre peut être quelque ambiguité ; vous reconnaîtrez les véritables limites dans lesquelles elle a voulu renfermer les poursuites du ministère public ; vous raffermirez la garantie que l'on a voulu donner aux auteurs contre un droit illimité de saisie, contre des décisions secrètes qui disposeraient du livre muet, sans appeler l'auteur pour le défendre, quoique la loi n'admette point cette divisibilité des actions. C'est à vous, Messieurs, qu'appartient l'honneur de nous apprendre ce que nous devons craindre ou espérer d'une législation nouvelle, et jusqu'ici peu connue.

§ II. *L'observation de la loi du 21 octob. 1814 met l'auteur à l'abri des poursuites criminelles.*

Messieurs, si vous admettez, comme votre justice me le fait espérer, le moyen que je viens de développer, vous serez dispensés d'entrer dans l'examen du reste des difficultés que cette cause vous présente ; difficultés graves et dignes de toute votre sollicitude.

La partie de la discussion à laquelle nous sommes arrivés, doit rouler sur l'influence de la question intentionnelle dans les matières criminelles. Vous serez conduits à examiner si l'interprétation donnée jusqu'ici à la loi du 28 février 1817, qui était destinée à améliorer la législation de la presse et le sort des auteurs, n'y introduirait pas au contraire des incertitudes et des ambiguités, inconnues sous l'empire absolu de la censure.

La loi du 21 octobre 1814, qui a établi la censure préalable, a multiplié les précautions pour donner à l'autorité les moyens de connaître d'avance les ouvrages auxquels il conviendrait d'appliquer la saisie préalable pour en déférer ensuite les auteurs aux tribunaux. Afin d'arriver à ce but, on a converti en une espèce de mission du gouvernement, la profession d'imprimeur, qui naturellement devrait être une industrie libre comme toutes les autres. On voulait avoir la certitude qu'une presse ne se trouverait jamais entre des mains ennemies. La publication de chaque écrit doit être précédée de deux déclarations faites au ministère de la police. La première déclaration précède l'impression de chaque ouvrage, afin que l'on puisse surveiller et arrêter à temps les progrès de l'impression. La seconde déclaration doit être faite avant la publication; elle est accompagnée du dépôt de cinq exemplaires. Cette seconde déclaration et ce dépôt ne suffisent même pas pour autoriser la publication. La loi exige que cette publication ne puisse avoir lieu qu'après que l'imprimeur aura obtenu le récépissé des cinq exemplaires déposés. Il semblerait d'abord que ce récépissé destiné à constater le fait du dépôt, devrait être délivré à l'instant même où le dépôt s'effectue ; il n'en est pas ainsi. L'obtention de ce récépissé est devenue l'occasion d'une censure dont les auteurs n'auraient point à se plaindre, si, avec les mêmes caractères que l'ancienne, elle leur offrait la même garantie. Ce récépissé n'est délivré qu'un ou plusieurs jours après le dépôt, et il est toujours précédé d'un examen de l'ouvrage, par des personnes honorées de la confiance du ministre de la police.

Sous l'empire de la censure absolue, lorsqu'un écrit paraissait dangereux aux censeurs, le directeur général ordonnait qu'il fût sursis à l'impression ; d'après l'art 5 de la loi d'octobre 1814, l'ouvrage ne s'imprimait pas ; l'on épargnait à l'auteur les frais d'impression, et les dangers d'une procédure criminelle. Les auteurs n'avaient point à se plaindre ; on les avertissait du danger ; on les en préservait ; on les dispensait de dépenses plus ou moins considérables.

Aujourd'hui, par l'effet de la combinaison du titre 2 de la loi d'octobre 1814, de la loi du 28 février 1817, et de la loi des écrits séditieux, on a conservé l'ancienne censure. Dans la réalité ce n'est plus un préservatif pour les auteurs, mais bien une mesure essentiellement propre à leur inspirer une fausse sécurité.

Les écrits sont censurés, comme autrefois, avant la publication. La suspension de la délivrance du récépissé équivaut au sursis légal autorisé par l'art. 5 de la loi de 1814; mais ce récépissé ne garantit personne : on vous accorde bien le droit de vous ruiner en frais d'impression ; mais on se réserve celui de saisir votre livre à l'instant où il va paraître ; toutes les précautions sont prises d'avance, et l'on sait déjà quel est l'article de la loi des écrits séditieux, que l'on se propose de vous faire appliquer.

Cette manière d'entendre la loi est contraire à sa dignité, puisqu'elle convertit les précautions prises par l'autorité en un piége tendu aux particuliers, qui viennent de bonne foi soumettre leur écrit au double examen que la loi exige d'eux, et qui, après cette mûre délibération qui

2 *

précède le récépissé, doivent croire que la police ne les aurait pas autorisés à la publication d'un écrit répréhensible.

Mais une telle interprétation, quoique adoptée par quelques personnes, est-elle la seule qui puisse être admise ? Non sans doute ; et la loi peut être entendue dans un sens tout à la fois plus simple, plus loyal, plus conforme à la sainteté de son caractère.

Admettons que les précautions prises par la loi d'octobre 1814 sont une espèce de dénonciation que la loi oblige les auteurs de faire de leurs propres écrits.

Il n'est pas de crime sans l'intention de le commettre ;

L'intention ne peut exister sans la volonté de consommer le crime ; et toujours cette volonté est accompagnée du desir d'en profiter et de le tenir caché.

Si donc le prévenu d'un délit avertit d'avance l'autorité compétente de l'intention où il est de le commettre ; s'il met entre les mains de cette autorité tous les moyens d'empêcher que le délit ne soit consommé ; s'il se remet pour ainsi dire en otage à la discrétion de l'autorité ; comment admettre en lui cette intention criminelle, *cette volonté de nuire*, qui seule fait le crime, et entraîne la punition ?

C'est pourtant ce qui est arrivé aux écrivains qu'on accuse. Ils ont observé, avec une scrupuleuse exactitude, toutes les formalités que la loi d'octobre leur imposait ; les déclarations, les récépissés, le dépôt, rien ne leur manque.

Comment leur supposer l'intention de bouleverser l'état, de porter atteinte à la majesté du trône, lorsqu'ils ont eux-mêmes invoqué et facilité l'application des lois qui devaient rendre impossible le succès de ce dessein, s'il eut existé ?

Mais, dira-t-on, il n'y aurait donc jamais lieu à l'application de la loi pénale.

On répond que cette loi pénale ne devrait être appliquée qu'à ces écrivains qui, en se soustrayant à l'exécution de la loi de précaution de 1814, auraient donné la preuve de la criminalité de leurs intentions.

Lorsqu'un écrivain aura voulu imprimer clandestinement un ouvrage, lorsqu'il aura fui l'œil scrutateur de la police, et voulu soustraire ses productions à l'examen de l'autorité ; certes alors qu'on le punisse comme perturbateur, puisque la violation des lois protectrices de l'ordre public, ne peut être compatible avec l'innocence des intentions.

Il y aurait dans l'interprétation qu'on réfute des conséquences véritablement choquantes. On donnerait une prime à la mauvaise foi, une récompense à celui qui aurait éludé la loi avec le plus d'adresse. L'écrivain qui imprimerait sans les déclarations voulues par la loi, ne serait pas puni autrement que celui qui aurait observé toutes ces formalités. L'un et l'autre ne seraient exposés qu'à la même peine, c'est-à-dire à la saisie du livre et à l'application de la loi du 9 novembre 1815. Or, si l'écrivain qui observe la loi est puni comme celui qui ne l'a pas observée, si ce dernier même a en sa faveur une chance que l'autre ne peut espérer, c'est-à-dire la possibilité d'échapper à l'œil de la police, au moyen de la clandestinité de l'impression, n'est-il pas évident qu'alors personne ne se donnera la peine d'observer des formes qui ne le garantissent pas, et qui l'exposent au contraire à un danger inévitable ?

Il faut donc tenir que sans clandestinité, il n'y a pas de mauvaise intention, ni par conséquent de délit.

Cette conséquence devient irrésistible, lorsqu'on remarque que la loi de 1814, qui prescrit les déclarations et le dépôt préalables, et qui attache à ces formalités l'importance qu'elles ont pour le maintien de la paix publique, ne prononce aucune peine contre leur violation, quoiqu'on ne puisse supposer qu'elle ait vu cette violation avec un œil d'indifférence. Ce silence ne peut s'expliquer que par l'idée que le législateur s'en sera référé au droit commun sur l'intention, sur sa nécessité en matière criminelle, et sur son incompatibilité avec la déclaration de commettre le délit.

D'un autre côté, la loi exige la délivrance du récépissé.

Pourquoi l'exige-t-elle ?

On n'en peut concevoir la raison, on ne peut y voir qu'une formalité embarassante et inutile, s'il ne sert pas à garantir l'auteur ou l'imprimeur des poursuites qu'on pourrait diriger contre eux, et à établir leur bonne foi et l'innocence de leurs intentions.

Le récépissé du ministre, c'est la sauve-garde de l'auteur, c'est le sauf-conduit de sa pensée; c'est le titre qui constate que l'ouvrage ne contient rien de contraire au respect dû à la personne ou à l'autorité du Roi ; à moins qu'on ne suppose que le ministre autorisera, par le récé-pissé, la circulation d'écrits empreints de ce caractère criminel.

Ainsi, Messieurs, vous qui ne concevez pas de crime sans intention, et qui ne croyez pas à la criminalité de l'intention, lorsque la bonne foi est constante, vous acquitterez les auteurs du Censeur, du délit qui leur est imputé, et vous ordonnerez leur mise en liberté.

Toutefois ne croyez pas que leur intention soit d'abuser d'une disposition plus ou moins formelle, afin d'arracher à votre sagesse l'écrit entier qui vous est dénoncé.

Sans doute, si cet écrit contenait des théories dangereuses, vous exerceriez sur ce livre cette censure judiciaire à laquelle vos lumières et votre indépendance vous donnent tant de droits. Dès-lors que la criminalité de l'intention a été enlevée, dès-lors que les prévenus, fidèles observateurs des lois, arrivent devant vous avec cette pureté de motifs qu'ils auraient apportée devant les anciens censeurs, vous ne pouvez plus voir dans leur écrit que des erreurs, et non plus des crimes ; vous aurez donc à retrancher ces erreurs, et non pas à punir des crimes.

Les anciens censeurs, après avoir purgé un livre de ce qu'il avait de dangereux, le rendaient à l'auteur ; et vous, vous supprimerez du volume dénoncé les pages qui nous paraîtront devoir l'être, et vous rendrez aux prévenus les parties que l'accusation a respectées.

Vous n'êtes plus juges ici, puisqu'il n'y a plus de délit ; mais vous êtes toujours magistrats, con-

servateurs nécessaires de l'ordre public. A ce titre, et par votre caractère, investis de cette autorité morale , que Rome révérait autrefois dans
ses Censeurs , vous avez donc le droit (et au
besoin, la confiance des prévenus vous le défère)
de ne rendre le livre à la circulation, qu'après
avoir, par des suppressions salutaires, fait à l'ordre
public les sacrifices que lui doit un bon citoyen.

§ III. *Le tribunal correctionnel ne peut rien
changer à la prévention fixée par l'ordonnance de la chambre du conseil.*

L'examen de cette proposition réglera, Messieurs, la marche que vous aurez à tenir dans le
jugement de cette cause : c'est le dernier des
moyens qui ont pour objet de vous dispenser
d'entrer dans le fond de la discussion, et que
pour cette raison, j'ai appelé *moyens préjudiciels.*

En effet, si vous pensez, comme moi, que
votre prévention est irrévocablement fixée par
l'ordonnance de la chambre du conseil, dès-lors
que cette ordonnance ne précise que des faits
qui manquent du caractère essentiel exigé par la
loi pénale, ou bien lorsque les autres ont été
formellement abandonnés par le ministère public, il est évident qu'il serait superflu d'entrer
dans la recherche de nouveaux faits qui ne peuvent plus tomber sous votre juridiction.

Il est de principe constant que le tribunal
correctionnel, dans le cas où il n'y a pas de citation directe, est saisi par l'ordonnance de la

chambre du conseil, rendue sur le rapport du juge d'instruction, et indicative de la jurisdiction compétente.

Les ordonnances de la chambre du conseil, indicatives de juridiction, sont assujéties à des formalités qui se composent tout à la fois de celles du mandat d'arrêt, fixées par l'art. 96, et de celles de l'acte d'accusation indiquées à l'article 241 du Code d'instruction criminelle. Ces ordonnances doivent présenter au moins les formalités des mandats d'arrêt, et ces formalités doivent avoir les effets de celles de l'acte d'accusation. En d'autres termes, il est indispensable que ces ordonnances contiennent l'énonciation précise du fait, l'indication de la qualité que la loi lui donne, et la citation de l'article de la loi pénale ; car sans cela, la chambre d'accusation de la Cour royale ne pourrait apprécier la justesse de cette ordonnance ; et les effets de ces formalités ne peuvent être autres que de lier les tribunaux correctionnels, comme les Cours d'assises sont liées par les actes d'accusation.

Cette vérité, que *l'ordonnance de la chambre du conseil fixe d'une manière irrévocable la compétence de ce tribunal*, a été reconnue à la dernière audience par le ministère public, qui lui a donné par-là toute l'autorité de son suffrage.

Dès-lors le tribunal correctionnel ne peut juger le fait imputé aux prévenus, qu'avec les caractères fixés par l'ordonnance, sans pouvoir y rien ajouter ni diminuer.

Ainsi le tribunal correctionnel n'a autre chose à faire qu'à examiner si le fait précisé par l'ordonnance est certain , et si , en le supposant prouvé, il serait de nature à constituer un crime ou un délit.

L'ordonnance de la chambre du conseil du 26 juin dernier déclare MM. Comte et Dunoyer en prévention *d'avoir tenté d'affaiblir le respect dû à la personne ou à l'autorité du Roi ;* délit prévu par les articles 5 , 8 , 9 , 10 de la loi du 9 novembre 1815.

Le fait ainsi articulé ne constitue ni crime ni délit , aux termes de la loi que l'on veut appliquer , puisqu'on n'y voit point exprimé que le le fait renferme ni *calomnies ni injures* contre la personne du Roi : or cette loi ne reconnaît pas de délit , là où ne se trouvent ni *calomnies* ni *injures* envers le Roi.

Ainsi , Messieurs , dans l'état actuel de la procédure , le ministère public , ni le tribunal , ne peuvent rechercher ni punir ces *calomnies* ou *ces injures ,* puisqu'elles ne font pas partie de la prévention irrévocablement fixée par l'ordonnance de la chambre du conseil.

Dès-lors que le fait dont vous êtes saisis ne constitue , aux termes de la loi , ni crime , ni délit , ni contravention , vous devez , d'après l'article 191 du Code d'instruction criminelle , annuller la citation , l'instruction et tout ce qui s'en est suivi , et ordonner la mise en liberté des prévenus.

IIe. PARTIE. — *Défense au fond.*

Les fins de non-recevoir que je viens de vous présenter sont fortes sans doute ; elles sont puisées dans le texte de la loi Il serait difficile

de les rejeter sans frapper d'inutilité les formes
tutélaires de la procédure criminelle, formes sacrées, sans lesquelles il ne saurait exister de garantie pour les accusés. Je pourrais donc terminer
ici ma tâche, et abandonner avec confiance les
prévenus à votre justice.

Toutefois je ne veux pas être accusé de chercher dans le dédale des formalités une justification que le fond de l'affaire ne saurait présenter. Je dois donc pour votre conscience,
pour la mienne, et sur-tout pour ne rien laisser
d'équivoque ou d'incomplet dans une si noble
défense, vous prouver, la loi à la main, que
les prévenus n'ont fait, par les actes qu'on leur
reproche, qu'user d'un droit légitime, d'une
prérogative constitutionnelle.

Au point où la cause a été réduite par la sagesse du ministère public, l'accusation ne présente plus que deux points qui appellent l'attention du défenseur : un passage sur la dicussion
du budget, et la publication du mémoire de
Sainte-Hélène. Nous imiterons la discrétion de
l'orateur-magistrat ; car les bornes de l'attaque
doivent être celles de la défense ; comptant
assez sur la loyauté de la partie publique et sur
la religion du tribunal, pour être sûrs que la conviction de nos juges n'aura d'autres élemens que
ceux qui auront été soumis à une discussion publique.

§ Ier. *De l'examen du budget de 1817.*

Vous savez, Messieurs, que la défense des
prévenus au sujet des passages insérés dans l'examen du budget consiste à soutenir qu'ils n'ont

fait qu'user de la liberté constitutionnelle de la presse : le ministère public s'est efforcé d'établir que les prévenus avaient abusé de cette liberté, de la manière prévue et punie par la loi du 9 novembre 1815.

Notre devoir est donc de repousser l'application d'une loi, qui faite, faite uniquement pour contenir les pertubateurs, n'a jamais pu être dirigée contre les écrivains paisibles, qui ont consacré leur plume à la *défense des vrais principes*, et leur vie au *soutien du bon ordre* et de la paix publique.

Il faut donc fixer, avant tout, les limites où finit la liberté, et où commence la licence. Il faut donc percer ces mystères, déchirer ces voiles si nécessaires pourtant au pouvoir, et montrer aux citoyens jusqu'à quel point la critique peut s'avancer sans crime contre l'autorité qui les régit.

Questions délicates sans doute ! examen dangereux ! pourquoi faut-il qu'on nous oblige à sonder ces profondeurs ? que n'avons-nous pas fait pour éviter des discussions qui n'augmentent jamais ni le respect ni la confiance ? Mais puisque les lenteurs de cette instruction n'ont pu détourner l'instant de cet examen, osons dire la vérité sans feinte, et poser les principes sans ambiguité. Heureux de compter pour contradicteur ce magistrat pour lequel l'estime publique n'a point attendu les progrès d'une lente vieillesse, et dont la profondeur des connaissances, la justesse d'esprit, la maturité de discussion nous paraîtraient le fruit d'une longue expérience, si nous ne nous souvenions, avec une sorte d'orgueil, d'avoir partagé ses travaux académiques, et d'avoir applaudi naguères à ses premiers succès.

Un grand avantage nous est réservé dans ces débats, c'est d'avoir, avec la partie publique, des principes communs, et dont il nous sera facile de déduire les conséquences.

Vous avez entendu, à la dernière audience, les concessions les plus positives, faites par l'orateur de la loi, en faveur de la liberté de la presse. Cette marche, pleine de franchise et de dignité, vous épargnera des démonstrations toujours fatigantes à entendre. Il ne nous reste plus que l'honneur de recueillir ces aveux si précieux dans la bouche du ministère public, et d'en demander acte au nom de tous les écrivains politiques ; nous aurons ensuite à établir que les conséquences de ces concessions excluent toute application de la loi de novembre 1815.

Principes généraux.

Vous vous souvenez encore des paroles pleines de force et de gravité, proférées à ce sujet par le ministère public.

« Il nous a dit qu'il regardait comme un droit
« constitutionnel, propre à tous les citoyens,
» celui de critiquer les lois vicieuses, les actes
» du gouvernement et ceux des ministres ; il
» vous a fait sentir toute l'utilité de cette liberté
» avec un accent qui a dû porter la conviction
» au fonds de vos ames. »

Il a permis les erreurs aux écrivains, en déclarant que, dans ce cas, il fallait les réfuter au lieu de les punir. Les seules conditions qu'il ait imposées, ont été de s'exprimer toujours avec les égards dus à une loi régnante et à la volonté royale.

Telles ont été, à peu de chose près, les expressions ou du moins les pensées du ministère
public.

La loi du 9 novembre 1815 porte :

« *Art.* 5. Sont déclarés séditieux tous cris, tous
» discours proférés dans des lieux publics, ou
» destinés à des réunions de citoyens, tous écrits
» imprimés, même ceux qui, n'ayant pas été
» imprimés, auraient été affichés, ou vendus,
» ou livrés à l'impression; toutes les fois que
» par ces cris, ces discours ou ces écrits, on
» aura tenté d'affaiblir, *par des injures ou des*
» *calomnies*, le respect dû à la personne ou à
» l'autorité du Roi, ou à la personne des mem-
» bres de sa famille, ou que l'on aura invoqué
» le nom de l'usurpateur ou d'un individu de sa
» famille, etc., etc., etc.

» *Art.* 9. Sont encore déclarés séditieux les
» discours et écrits mentionnés dans l'art. 5, soit
» qu'il ne contiennent que des *provocations in-*
» *directes* aux délits énoncés aux articles 5, 6,
» 7 et 8, soit qu'ils donnent à croire que des
» délits de cette nature seront commis, ou qu'ils
» répandent faussement qu'ils ont été commis. »

Quel est le sens de l'article 5 dans ces mots :
Tenté d'affaiblir par des calomnies ou des
injures le respect dû à la personne ou à l'auto-
rité du Roi? Le sens de ces mots étant une fois
fixé, le délit que la loi veut punir sera connu, et
nous verrons si l'examen de la loi des finances
peut y être compris.

D'abord nous remarquons que la loi exige deux
choses pour caractériser le délit qu'elle punit : un
fait et une intention ; un fait, c'est-à-dire *des ca-*
lomnies ou des injures contre le Roi ; une in-

tention, c'est-à dire celle d'affaiblir le respect dû
à la personne ou à l'autorité du Roi.

Sans le fait, l'intention ne suffit pas ; car l'intention seule, cachée dans les replis de la conscience, tant qu'elle n'est pas manifestée, échappe
à la juridiction des juges de la terre : le droit de
la punir n'appartient qu'à celui par qui règnent
les rois.

Principe, au surplus, bien conforme aux règles générales posées au Code pénal, art. 2 et 3,
d'après lesquelles la tentative n'est jamais punie
que lorsqu'il y a commencement d'exécution.

Il faut donc qu'il y ait *calomnies ou injures*
contre le Roi : sans cela point de délit ; l'intention la plus certaine ne suffirait pas pour appliquer la loi de novembre 1815 ; de même que
pour les délits ordinaires, l'intention de les commettre, quand elle serait établie par la plus forte
des preuves, par l'aveu même de l'accusé, ne
saurait suffire sans une tentative extérieure, suivie d'un commencement d'exécution.

Qu'entendra-t-on par *calomnies ou injures?* La
loi elle même nous l'apprend par des expressions positives, que ne sauraient obscurcir les
conjectures ni les inductions. Les art. 367 et 375
du Code pénal, définissent *la calomnie* ou *l'injure*, l'imputation d'un fait précis répréhensible,
ou bien d'un vice déterminé.

Ainsi, toutes les fois qu'un écrit vous sera dénoncé comme prévu par l'art. 5 de la loi de novembre, vous chercherez à découvrir si l'intention de son auteur a été d'affaiblir le respect dû
à la personne ou à l'autorité du Roi, et si cette
intention a été manifestée par une tentative exté-

rieure, suivie d'un commencement d'exécution,
c'est-à-dire par des calomnies ou des injures
contre la personne du Roi. Si l'une ou l'autre de
ces conditions manquent, la loi vous oblige à
acquitter le prévenu, parce qu'un délit qui n'a
pas tous les caractères que la loi exige, n'est pas
un *délit* et ne saurait être puni.

Avant de passer à l'application de ces principes, il faut détruire une théorie qui, si on pouvait l'admettre un seul instant, rendrait inutiles
toutes les concessions relatives à la liberté de la
presse.

Le gouvernement, vous a dit le ministère public, n'est autre chose que l'autorité royale; or;
l'autorité royale est le Roi; ainsi toute critique
d'un acte du gouvernement porte atteinte au
respect dû au gouvernement critiqué; et cette atteinte remontant jusqu'au Roi qui est l'autorité
royale, comme l'autorité royale est le gouvernement, il en résultera que toutes les critiques des
actes du gouvernement remonteront jusqu'au Roi,
et seront par conséquent passibles des peines
portées par l'article 5 de la loi de novembre.

Voilà où aboutit cette doctrine : elle conduit à
la destruction de ce droit de critique qu'on avait
tout à l'heure reconnu avec tant de franchise.

Voilà cette théorie dangereuse sur laquelle
nous devons fixer votre attention.

Rappelons brièvement les principes.

Dans un système représentatif on a toujours
distingué le Roi du gouvernement, toutes les
fois que l'on considère le gouvernement comme
une sorte de personne morale soumise à une
responsabilité publique, soit légale, soit morale.

Le Roi règne par droit héréditaire : sa personne est inviolable et sacrée : mais il ne gouverne pas seul, il ne le fait pas, et ne peut pas le faire. L'article 13 de la Charte lui attribue la puissance exécutive, et les articles 14, 16, 21 et 22 énoncent les principales branches dont se compose cette puissance.

Les actes du pouvoir exécutif ne peuvent être faits que par des ministres que le Roi nomme, et qui sont responsables envers les deux chambres et envers la nation.

L'ensemble de l'autorité exercée par tous les ministres, réunis ou séparés, constitue ce que l'on appelle le gouvernement. Ce mot indique le plus souvent la marche générale des affaires; mais quand on le considère comme l'être moral qui exerce la puissance exécutive, on l'appelle aussi le ministère.

Le Roi ne fait par lui-même aucun acte de son autorité, si ce n'est la nomination des ministres : tous les autres actes doivent être faits avec le concours et la signature d'un ministre, puisque chaque acte doit nécessairement emporter la responsabilité, et que la responsabilité ne pouvant s'appliquer au Roi, doit nécessairement s'appliquer au ministre. Il faut bien qu'elle soit quelque part.

Ainsi, d'un côté, la Charte permet de critiquer les actes du gouvernement : d'autre part, la loi du 9 novembre défend de manquer de respect envers l'autorité royale. Il faut donc conclure que l'*autorité royale* est autre chose que le gouvernement, à moins que de supposer que la loi de novembre nie ce que la Charte affirme; ce qui n'est pas supposable.

Le gouvernement est bien l'autorité royale en exercice, puisque tout assurément s'y fait au nom du Roi ; si, comme la partie publique le pense, c'était la même chose que cette même autorité royale que la loi de novembre défend de critiquer, l'on serait conduit à cette absurdité d'être puni par la loi de novembre pour avoir fait ce que la Charte permettait.

Il faut donc trouver une distinction qui satisfasse à la fois et à la Charte et à la loi pénale.

Cette distinction, la voici :

L'autorité royale est considérée dans son exercice, ou bien dans sa source et dans ses fondemens.

L'autorité royale en exercice dans la personne des ministres, des préfets et des autres agens du pouvoir, voilà celle qu'il est permis de critiquer dans tous et chacun de ses actes, pour établir, soit que ces actes sont réprouvés par les lois, soit qu'ils contrarient les droits ou les intérêts des citoyens. C'est-là la liberté que garantit la Charte, et que reconnaît le ministère public.

L'autorité royale qu'il n'est pas permis de critiquer, c'est cette portion de pouvoir qui est exercée *immédiatement et uniquement* par la personne du Roi ; c'est sur-tout la source de cette même autorité, le titre auquel elle a droit à nos respects et à notre obéissance. Ce titre, c'est la légitimité, c'est ce droit héréditaire qui lia nos pères aux fils de Hugues - Capet, et qui doit lier nos neveux aux enfans de Saint-Louis.

Ainsi donc, un écrivain démontrera qu'un ministre est indigne du choix du Prince, que tous ses actes sont marqués au coin de la perfidie ou de la stupidité. Cet écrivain n'aura fait qu'user

d'un droit constitutionnel ; il ne courra d'autre
risque que celui d'une action en calomnie de la
part du ministre dénoncé ainsi au mépris public
et à la haine de ses concitoyens.

Quelque pénible que soit la supposition, le
principe une fois admis, il faut pourtant en admettre la conséquence. Ce qu'un simple écrivain
peut faire pour un seul ministre, il peut le faire
pour tous, et toujours avec le danger unique de
plusieurs actions en calomnie.

Tant qu'on n'attaque un ministre, ou des ministres, ou tous les ministres ensemble, que
comme ayant mal usé de la mission royale, vainement voudraient-ils chercher aux pieds du
trône un asile sacré, pour delà accabler leurs dé-
tracteurs de tout le poids de l'autorité royale
indignement attaquée : la justice peu séduite par
ces sophismes, écartera le manteau usurpé dont
se couvriraient ces ministres ; elle ne verra que des
hommes et des agens responsables dans ceux qui
se prétendraient une émanation de la majesté du
Prince. Jamais les magistrats ne consentiront à
punir. comme un crime de lèze-majesté, des réflexions qui ne sont que l'exercice de la critique
constitutionnelle.

Mais si cet écrivain ne se contentait pas de
censurer les actes officiels d'un autorité responsable ; si, franchissant les limites sacrées, il
portait une plume sacrilége sur l'inviolabilité
royale ; si, par des allusions ou des réticences,
ou des expressions plus ou moins formelles, il ten-
tait d'ébranler les fondemens de l'autorité royale
et le droit héréditaire, ou de prêter au monarque
de mauvaises intentions, des vices, des défauts ;

3 *

ce serait là des calomnies, des injures ; ce serait là des tentatives propres à affaiblir le respect dû à la personne ou à l'autorité du Roi.

Mais, dit-on, on peut attaquer les actes émanés de l'autorité royale sans manquer de respect à cette autorité.

Oui sans doute, mais non pas *sans porter une atteinte indirecte* au respect que cette autorité doit inspirer.

Le respect qu'obtient un fonctionnaire, un magistrat, un général, un ministre, est fondé sur l'opinion qu'on a de ses talens, de son caractère, de ses intentions. Si donc l'on a le droit de prouver, par des raisonnemens ou par des faits, qu'un tel préfet manque des talens de sa place et des vertus de l'homme privé, assurément on portera une forte atteinte au respect dû à son autorité ; car il est bien difficile qu'on exécute avec zèle des ordres émanés d'un esprit inhabile, ou d'un cœur corrompu. Or, comme l'autorité qu'exerce ce préfet émane du Roi, en portant atteinte au respect dû à l'autorité du préfet, dans le système du ministère pulic, on porterait atteinte au respect dû à l'autorité royale.

Poussons plus loin les exemples.

Supposons, ce qui n'arrivera sans doute jamais en France, mais enfin ce dont l'esprit ne voit pas l'impossibilité : supposons qu'un ministre, abusant de quelqu'instant de faiblesse, surprenne à un monarque une ordonnance qui établisse un impôt. Cette ordonnance sera revêtue de la signature royale, et plus bas de celle du ministre ; elle portera l'empreinte du sceau de l'état dont on aura abusé par une haute prévarication. Un citoyen courageux prend la plume pour démontrer que cet acte est destructif de l'article 48 de la Charte. Il ne peut le faire sans prouver en même temps que le ministre qui a donné ce conseil coupable, que le chancelier qui a abusé du grand sceau, ont encouru la plus sévère responsabilité. Le Roi ne sera pas nommé; car sa personne et son autorité personnelle doivent toujours être respectées. Que ferez-vous à cet écrivain qui se sera dévoué noblement au bien public?

Du temps de nos pères, les parlemens auraient décrété de prise de corps les ministres coupables d'une telle prévarication, et couvert de l'égide toute puissante de la loi le citoyen qui se serait porté leur dénonciateur.

Et vous, si la doctrine qu'on vous propose pouvait prévaloir, vous devriez, pour être conséquens avec elle, punir un semblable écrivain des peines portées par la loi du 9 novembre, comme ayant *tenté de porter atteinte au respect dû à l'autorité royale.*

Vainement protestera-t-il de son attachement à la charte qu'il a défendue, de son profond dévouement au Roi qu'il servait en servant ses sujets. Vainement déclarera-t-il qu'il n'a voulu que critiquer un acte du gouvernement. On lui répondra : le gouvernement, c'est l'autorité royale : vous avez tenté d'ébranler le respect dû à *l'autorité royale* en prouvant que le ministère a surpris au Roi un acte inconstitutionnel. Le Roi avait signé cet acte; c'était la volonté royale, il fallait la respecter. Ce citoyen énergique et plein d'amour pour son pays, vous devriez, pour obéir à ces prétendus principes, le condamner à

cinq ans de prison, et vous traiteriez comme séditieux l'écrivain qui invoque les droits que la
Charte a consacrés ! . . . .

Magistrats, de telles conséquences sont bien
loin de votre pensée ; et vous, orateur profond et
énergique, qui naguères développiez avec tant
de talens les avantages de la liberté de la presse,
vous n'avez sans doute pas voulu nous conduire
à la destruction effective de la plus chère de nos
prérogatives.

Il faut donc rejeter comme fausse et dangereuse
une théorie qui donne de pareilles conséquences.

Il faut la rejéter comme *fausse*, car la vérité ne peut jamais conduire à l'absurdité; et c'en
est une que de mettre en opposition la loi pénale
et la charte constitutionnelle.

Il faut la repousser comme *dangereuse*, puisqu'elle amène nécessairement la destruction du
droit de censure, auquel doivent être nécessairement sujets tous les dépositaires de l'autorité

Il faut donc tenir comme vérité fondamentale
royale.
que l'autorité royale, dans le sens de la loi de
815, n'est pas le *gouvernement* ; le Roi n'est
pas le gouvernement; critiquer le gouvernement
n'est pas critiquer le Roi, ce n'est pas affaiblir
le respect dû à son autorité.

Osons le dire avec franchise : c'est plutôt un
service éminent, un acte de fidélité, une haute
marque de respect envers le monarque, que de
l'avertir d'une fausse route où voudraient l'enga-
ger des ministres imbécilles ou pervers. Si l'avis
est sans fondement on le méprisera ; si l'avis est
sage, le monarque en fera son profit et le bien
de son peuple.

On a cité pour circonscrire la liberté de la
critique un auteur anglais qui ne manque pas de
réputation. J'aurais desiré n'entendre dans cette
enceinte que le nom des écrivains qui ont honoré
notre Patrie. Mais enfin, puisqu'on nous oppose
les exemples d'une île qu'on appela jadis la terre
classique de la liberté, je citerai à mon tour l'autorité de Delolme, dans son livre de la Constitution d'Angleterre. Il va nous expliquer comment on entend dans ce pays le droit d'attaquer
les ministres et de critiquer le gouvernement.

» La constitution, dit cet auteur, a fourni de
» plus aux communes un moyen d'opposition
» immédiate aux malversations du *gouverne-*
» *ment*, en leur donnant le droit d'en pour-
» suivre les ministres.

» Le Roi lui-même est, il est vrai, hors de
» l'atteinte des tribunaux, parce que, s'il en
» était un qui pût le juger, ce serait ce tribunal,
» et non pas lui, qui aurait finalement le pou-
» voir exécutif: mais, d'un autre côté, il ne sau-
» rait agir sans avoir des ministres de ses ac-
» tions : ce sont donc ces ministres, c'est-à-dire,
» ces instrumens indispensables que l'on attaque.
» Si, par exemple, les deniers publics ont
» été employés d'une manière contraire aux in-
» tentions de ceux qui les avaient accordés ; on
» poursuit ceux qui en avaient le maniement. S'il
» s'est commis quelque abus d'autorité, ou, en
» général, quelque chose de contraire au bien
» de l'état, on poursuit ceux qui en ont été ou
» les instrumens ou les moteurs. C'est ainsi qu'au
» commencement de ce siècle les communes ac-
» cusèrent le comte d'Oxford, qui avait con-

» seillé le traité de partage, et le chancelier lord
» Sommers, qui avait apposé le grand sceau.

» Mais qui sera le juge qui prononcera dans un
» tel procès ? Quel sera le tribunal qui se flattera
» de donner un jugement libre, lorsqu'il verra
» se présenter à sa barre le *gouvernement* lui-
» même comme accusé, et les représentans du
» peuple comme accusateurs. »

Delolme, de la constitution d'Angleterre, édit.
de 1788, tom. 1, pag. 86, 87, chap. 8, *des
nouvelles limites.*

On voit par le sens dans lequel le mot *gouvernement* est employé dans tout le cours de ce
passage (et il ne l'est pas différemment dans le
reste du livre), que les écrivains politiques le
prennent comme synonyme des mots *administration* ou *ministère*. Toutes les fois qu'il s'agit
de la responsabilité morale ou légale du *gouvernement*, la fiction du système représentatif considère le Roi comme en étant tout à fait dis-
tinct. Le *gouvernement* entier peut être accusé :
le Roi ne le peut jamais. Sa personne est sacrée ;
mais c'est précisément à cause de cela que celle
de ses ministres ne l'est pas. Le Roi, constitu-
tionnellement parlant, ne peut pas faillir ; mais ses
ministres peuvent se tromper, le tromper, et trahir.

Un peu plus loin, tom. 2, chap. 13, *de la
liberté de la presse*, le même auteur indique le
but de la liberté de la presse. Page 58 : « On peut,
» dit-il, compter comme un nouvel et très-grand
» avantage des lois de l'Angleterre, la liberté
» qu'elles laissent au peuple d'examiner et de
» censurer la conduite du *gouvernement* et de
» tous ceux qui en administrent quelque branche.

» Non-seulement elles assurent à chaque parti-
» culier le droit de présenter des pétitions , soit
» au Roi, soit aux deux chambres ; elles lui don-
» nent encore celui de porter ses plaintes et ses
» observations quelconques au tribunal du pu-
» blic, par la voie de l'impression. Droit redou-
» table à *ceux qui gouvernent*, et qui, dissipant
» sans cesse le *nuage de majesté* dans lequel ils
» s'enveloppent, les ramène sans cesse au ni-
» veau des autres hommes, et frappe sur le prin-
» cipe même de leur autorité.

» Aussi ce privilége n'a été obtenu du pouvoir
» exécutif que le dernier de tous, et avec la plus
» grande difficulté. La liberté, à tous autres
» égards , était déjà assurée, que les Anglais
» étaient encore pour l'expression publique de
» leurs sentimens , sous un joug pour ainsi-dire
» despotique. L'histoire est remplie des sévérités
» de la chambre étoilée , contre ceux qui osaient
» écrire en matière de gouvernement. Elle avait
» réglé le nombre des imprimeurs et des presses,
» et établi un *licenseur* sans l'approbation du-
» quel rien ne pouvait être mis au jour. Ce tri-
» bunal ne connaissant point d'ailleurs dans sa
» procédure *celle des jurés*, et décidant de sa
» seule autorité, trouvait coupables tous ceux
» qu'il plaisait à la cour de regarder comme tels ;
» et ce n'est pas sans raison que Coke, dont les
» idées de liberté étaient encore teintes des pré-
» jugés du temps où il vivait, dit, après avoir
» fait l'éloge de ce tribunal, que quand les rè-
» gles en sont observées, il tient toute l'Angle-
» terre en repos.

» Lorsque la chambre étoilée eut été abolie,

» le *long* parlement, dont l'autorité ne redou-
» tait pas moins l'examen, fit revivre les ordon-
» nances contre la liberté de la presse. Charles II,
» et après lui Jacques II, en obtinrent encore le
» renouvellement : l'acte expirant en 1692, fut
» à cette époque, quoique postérieure à la révo-
» lution, continué pour deux années ; et ce ne
» fut qu'en 1694 que le parlement ayant refusé
» de le continuer encore, la liberté de la presse,
» ce privilége dont l'autorité ne pouvait se ré-
» soudre à se dessaisir, fut finalement établie. »

Il m'est doux de citer, à côté d'un écrivain étranger, l'opinion d'un illustre pair de France, dont les amis de la religion et de la légitimité reconnaîtront la voix. Dans un ouvrage qu'on pourrait citer pour modèle, si quelques pages ne portaient l'empreinte du temps où il a été composé, M. le vicomte de Châteaubriand, ministre d'état, s'exprime ainsi : (*Monarchie selon la Charte*, pages 8, 9, 10, 27, chap. 4 : *de la Prérogative royale. Principe fondamental.*)

« La doctrine sur la prérogative royale est : que
» rien ne procède directement du Roi dans les
» actes du gouvernement ; que tout est l'œuvre
» du ministère, même la chose qui se fait au
» nom du Roi, et avec sa signature, projets de
» loi, ordonnances, choix des hommes.

» Le Roi, dans la monarchie représentative,
» est une divinité que rien ne peut atteindre :
» inviolable et sacrée, elle est encore infaillible ;
» car s'il y a erreur, cette erreur est du ministre
» et non du Roi. Ainsi on peut tout examiner
» sans blesser la majesté royale ; car tout dé-
» coule d'un ministère responsable. »

Chap. 5 : *Application du principe.*

« Le plus franc royaliste, dans les chambres,
» peut, sans témérité, écarter le bouclier sacré
» qu'on lui oppose, et aller droit au ministre ;
» il ne s'agit que de ce dernier, et jamais du
» Roi.

» Et tout cela est fondé en raison.

» Car le Roi étant environné de ministres res-
» ponsables, tandis qu'il s'élève au-dessus de
» toute responsabilité, il est évident qu'il doit
» les laisser agir d'après eux-mêmes, puisqu'on
» s'en prendra à eux seuls de l'événement. S'ils
» n'étaient que les exécuteurs de la volonté
» royale, il y aurait injustice à les poursuivre
» pour des desseins qui ne seraient pas les leurs.

» Que fait donc le Roi dans son conseil ? Il
» juge, mais il ne force point le ministre. Si le
» ministre obtempère à l'avis du Roi, il est sûr
» de faire une chose excellente, et qui aura l'as-
» sentiment général ; s'il s'en écarte, et que,
» pour maintenir sa propre opinion, il argumente
» de sa responsabilité, le Roi n'insiste plus : le
» ministre agit, fait une faute, tombe, et le
» Roi change son ministère.

» Et quand bien même le Roi, dans le con-
» seil, eût adopté l'avis du ministère, si cet avis
» entraîne une fausse mesure, le Roi n'est en-
» core pour rien dans tout cela : ce sont les mi-
» nistres qui ont surpris sa sagesse, en lui pré-
» sentant les choses sous un faux jour, en le
» trompant par corruption, passion, incapacité.
» Encore un coup, rien n'est l'ouvrage du Roi,
» que la loi sanctionnée, le bonheur du peuple
» et la prospérité de la patrie. »

(44)

Plus loin (chap. 12. — *Question*), le noble
pair continue :

« Dans le gouvernement représentatif, s'écrie-
» t-on , le Roi n'est donc qu'une idole ? On l'a-
» dore sur l'autel , mais il est sans action et sans
» pouvoir.

» Voilà l'erreur. Le Roi , dans cette monar-
» chie , est plus absolu que ses ancêtres ne l'ont
» jamais été, plus puissant que le sultan à Cons-
» tantinople, plus maître que Louis XIV à Ver-
» sailles.

» Il ne doit compte de sa volonté et de ses
» actions qu'à Dieu.

» Il est le chef ou l'évêque extérieur de l'é-
» glise gallicane.

» Il est le père de toutes les familles particu-
» culières , en les rattachant à lui par l'instruc-
» tion publique.

» Seul il sanctionne ou rejette la loi. Toute loi
» émane de lui ; il *est* donc souverain législateur.

» Il s'élève même au-dessus de la loi , car lui
» seul peut faire grâce , et parle plus haut que la
» loi.

» Seul il nomme et déplace les ministres à vo-
» lonté, sans opposition , sans contrôle : toute
» l'administration découle donc de lui ; il en est
» donc le chef suprême.

» L'armée ne marche que par ses ordres.

» Seul il fait la paix et la guerre.

» Ainsi, le premier dans l'ordre religieux ,
» moral et politique, il tient dans ses mains les
» mœurs, les lois, l'administration, l'armée, la
» paix et la guerre. »

Voilà, Messsieurs, les principes sur lesquels

il m'a semblé nécessaire d'appeler votre attention, avant de passer à l'examen de l'écrit que
vous avez à juger. Ces principes que je soutiens
être les seuls applicables à la cause, nous servi-
ront à décider si cet écrit est coupable, ou bien
s'il ne l'est pas.

Il faut que nous reprenions les passages de
l'article du budget dans lesquels le ministère public a placé le siége de la prévention. Ce sont les
pages 209, 210, 213, 214, 237, 238.

Application des principes.

J'avoue que la défense de ces passages a été
pour moi le sujet de quelque embarras. Je ne
pouvais m'imaginer que les reproches du ministère public contre ces passages eussent été sé-
rieusement proposés ; mais enfin je me suis
assuré de l'exactitude de mes souvenirs, et la
réponse ne sera pas difficile.

Il faut d'abord lire ces passages, et les lire en entier, pour bien saisir le reproche et la justification :

Pag. 209, 210, 213, 214, 215.

« C'est peu que d'avoir le droit de s'entourer
» de soldats, de commis, de prévôts, de gen-
» darmes, il faut encore avoir celui de prendre
» dans les revenus des particuliers de quoi faire
» vivre tout ce monde-là ; sans quoi le droit de
» s'en entourer serait certainement fort illu-
» soire. Or, si le gouvernement ne peut puiser
» dans les revenus des particuliers que de leur
» consentement, s'il est obligé de solliciter de
» leur libéralité les fonds dont il a besoin pour
» exercer ses pouvoirs, il est manifeste que, mal-

» gré tous ses pouvoirs , il se trouve véritable-
» ment dans leur dépendance.

Plus loin, à la page 215, on lit : « Il (le peu-
» ple) se récrie avec humeur contre les dépenses
» exorbitantes de l'armée, et il délègue le droit
» de voter l'impôt à des militaires ; il est ré-
» volté de l'abus qu'on fait des pensions et des
» grâces , et c'est à des hommes affamés de
» grâces et de pensions qu'il donne la mission
» d'aller empêcher qu'on les prodigue ; le con-
» seil d'état, les préfectures sont des institutions
» dispendieuses et DESPOTIQUES, qu'il sent le
» besoin de faire réformer par la représentation
» nationale , et il nomme pour représentans des
» préfets et des conseillers d'état. Il est surpre-
» nant que, desirant, comme il le fait, *l'aboli-*
» *tion des cours prévôtales*, il n'ait pas encore
» choisi de prévôts pour le représenter. Il faut
» s'étonner que, voulant jouir de la sûreté in-
» dividuelle et de la liberté de la presse, il n'ait
» élevé aux fonctions de députés, ni censeurs ,
» ni commissaires de police, ni gendarmes C'est
» un oubli que nous lui faisons apercevoir , et
» qu'il réparera sans doute aux élections pro-
» chaines. La haute police, la censure, les cours
» prévôtales sont de *nobles et libérales* institu-
» tions, dans lesquelles il ne pourra manquer
» de trouver d'excellens défenseurs de ses fran-
» chises ; et nous ne voyons pas pourquoi il don-
» nerait à ces branches du pouvoir, une exclu-
» sion qu'il n'a donnée à aucune autre. On sait
» en effet qu'il n'est point une administration
» dans laquelle il n'ait choisi quelques-uns des
» hommes auxquels il délègue le pouvoir d'aller

» contrôler les actes et les dépenses de l'admi-
» nistration ; et il suffit de parcourir la liste de
» ses deux cent quarante députés, pour voir
» qu'elle se compose, aux trois quarts au moins,
» de lieutenans-généraux, de maréchaux de
» camp, de colonels, de conseillers d'états, de
» maîtres des requêtes, de préfets, de chefs de
» direction et d'administration, de procureurs
« généraux, de procureurs royaux, et de plu-
» sieurs autres sortes d'agens du gouvernement.

» Il nous paraît important d'examiner com-
» ment une assemblée formée de tels élémens
» surveille l'emploi qu'on fait de nos finances ;
» comment une représentation, composée en
» majorité d'administrateurs, a défendu cette
» année nos revenus contre les dépenses ef-
» frayantes de l'administration. C'est l'objet de
» cet article. »

Le ministère public se plaint de ce que l'écrivain appelle le conseil d'état et les préfectures
des *institutions despotiques*, et de ce qu'il parle
avec aigreur des Cours prévôtales, de la gendar-
merie et de la loi sur la sûreté générale.

Selon le ministère public, ces passages ten-
dent indirectement à affaiblir le respect dû à
l'autorité royale.

Selon moi, Messieurs, ces réflexions ne sont
que l'usage modéré de la liberté constitutionnelle de la presse.

Vous jugerez lequel des deux a tort, ou du
ministère public qui accuse, ou du défenseur qui
justifie.

D'abord je rappelle les concessions du ministère public, lorsqu'il a dit qu'il était permis de

critiquer les actes des ministres, et de demander
la réforme des lois; et je me demande, la personne des gendarmes, des commis, des soldats
est-elle donc la personne du Roi ? La personne
même des grands prévôts, qu'a-t-elle de commun
avec la personne du Roi ? Depuis quand s'est-on
imaginé de donner à l'inviolabilité royale cette
étendue illimitée qui place dans un lieu d'asile
inviolable, depuis les premiers jusqu'aux derniers agens de l'autorité ? Serait-ce donc ici
cette théorie des inductions, à l'aide de laquelle
le moindre maire de village, le plus mince commis de bureau pourrait prétendre désormais que
critiquer les actes émanés de lui, c'est critiquer
l'autorité royale dont il tient son pouvoir.

Ou il faut accorder le droit d'examen sur les
actes du gouvernement, ou il faut le refuser. Si
on le refuse, il ne restera plus qu'à refuser l'exercice du reste de la charte. Si on l'accorde, il faut
l'accorder franchement et sans restrictions arbi-
traires.

S'il est permis de prouver qu'une loi est mauvaise, pourquoi ne pas pouvoir se plaindre de
son existence ?

Quoi donc ! un magistrat de ce tribunal a imprimé naguères que le ministère public était une
institution superflue; on a mis en question si le
jury, base fondamentale de la sûreté personnelle,
était inutile ou dangereux ; tous les jours on agite
des questions plus graves encore. On a examiné
dans un ouvrage récent s'il conviendrait d'abandonner telle ou telle partie de nos colonies ; et
MM. les grands prévôts seraient plus sacrés que
le jury, que les colonies, que le ministère public

lui-même! On ne pourra pas examiner si cette institution est favorable à la liberté et à la sûreté personnelle, et l'inviolabilité royale doit-elle devenir l'inviolabilité des grands prévôts?

A Dieu ne plaise que je veuille méconnaître les services qu'ont pu rendre les Cours prévôtales. Le zèle et l'infatigable activité de plusieurs de leurs membres sont à coup sûr dignes d'éloges. Mais ce sont, après tout, des institutions temporaires; elles rappellent les douloureux souvenirs des dangers; dans des temps paisibles, la rapidité de leur procédure ne retiendrait pas le crime et alarmerait l'innocence; et la France saluera avec joie le moment où la tranquillité rétablie, et l'absence de toute crainte, permettront à la charte d'étendre partout son autorité tutélaire.

Que dirai-je des commis, des gendarmes, des soldats?

Où est le mal de desirer que la France n'ait besoin ni de soldats, ni de gendarmes, ni de commis? Il serait heureux de n'avoir à craindre ni des malfaiteurs au milieu de nous, ni des ennemis extérieurs?

Au surplus, l'esprit général de cet article tend à faire sentir quelle peut être dans l'état, l'influence de l'autorité qui vote les impôts; par elle, nous dit l'auteur, la nation peut obtenir, à la longue, tout ce qui sera dans ses vœux et dans ses désirs. L'autorité exécutive n'agissant que par des intermédiaires payés, en lui ôtant les moyens de les payer, on lui ôte les moyens de s'en servir. Ce raisonnement paraît tout simple : voilà l'idée qu'on a trouvée séditieuse dans les pages 209 et

210. Cette idée peut être fausse , quoique je la
croie très-vraie; dans tous les cas ce ne serait qu'une
erreur, si c'en est une que de dire que celui qui ne
reçoit pas d'argent ne peut pas en donner.

Les inculpations qui roulent sur les pages 213,
214, 225, ne sont pas d'une autre nature ; c'est
le développement de la même idée : on dit à la
nation que si elle veut la réforme des abus , il
faut qu'elle n'appelle pas des hommes intéressés
à les maintenir, pour procéder à leur réforme ;
et au nombre des abus , l'auteur indique le conseil d'état, les préfectures , les Cours prévôtales
et la loi de haute police.

Le ministère public a beaucoup insisté sur ces
différens reproches ; il y a vu la preuve d'un dessein formé pour diminuer le respect dû à l'autorité royale.

Où en sommes-nous ? et qu'entend-on par la
liberté de la presse ? qu'entend-on par le droit de
critiquer, et les institutions existantes, et les actes
du gouvernement? Ne serait-ce donc qu'un appât
dérisoire , qu'un jouet frivole qu'on jetterait pour
amuser l'indifférence des citoyens ?

Ce n'est point là sans doute la pensée de l'orateur - magistrat que nous combattons à regret.
Mais a-t-il donc oublié que la charte royale ne
reconnaît pas de conseil d'état ; que cette assemblée n'a pas d'autorité dans le royaume ; que son
utilité, sur laquelle je ne saurais avoir d'opinion, a été formellement contestée dans la chambre des députés ?

Que les préfectures soient par elles-mêmes des
institutions dispendieuses et despotiques, est-ce
donc un crime de le dire? Quelle loi défend de
le penser?

L'autorité royale s'exerce par l'intermédiaire des préfets; on lui doit respect et obéissance. Mais serait-il défendu de proposer au Roi un moyen à la fois plus économique, plus simple, et plus facile d'exercer cette même autorité ? Pouvons-nous oublier que ces institutions, crées par un gouvernement absolu, ont été un de ses instrumens les plus puissans, et que l'étendue illimitée de leurs pouvoirs a été calculée, dès cette époque, pour exécuter sans obstacles des volontés irrésistibles. Nous nous souvenons encore de l'administration municipale sous laquelle nous sommes nés, et sous laquelle nos aïeux ont vécu; pouvons-nous ignorer que des recherches faciles feraient trouver un mode d'administration, auquel ne s'attacheraient pas de fâcheux souvenirs.

Pour terminer ce passage relatif au budget, disons un mot de la page 256, dont le sens et le but la placent à la suite de l'examen de la page 215.

Page 256.

« C'est ainsi qu'une représentation formée
» d'hommes du gouvernement a contrôlé et ré-
» glé les dépenses du gouvernement. Trouve-
» rons-nous qu'ils ont répondu à notre confiance ?
» qu'ils ont voté avec un grand désintéressement ?
» que dans l'exercice de leurs fonctions de dé-
» putés ils se sont bien détachés de leur qualité
» d'hommes en place ? C'est à nous de voir et
» de juger : l'affaire nous regarde et elle nous
» importe : si le gouvernement qui, depuis le
» dernier maire de village jusqu'aux sous-secré-
» taire d'état, dispose souverainement de tous
» ses fonctionnaires, peut encore disposer par

4 *

» eux de nos revenus ; s'il peut nous faire re-
» présenter par eux, nous faire parler par leur
» organe, nous faire servir ainsi d'instrument
» contre nous-mêmes, et employer toute notre
» force à agir sur nous, nous demandons quel
» moyen il nous reste de nous défendre, et ce
» que devient la liberté ? . . . . »

« De l'ensemble de ces idées, a dit le minis-
» tère public, il résulte que l'auteur ne pense
» pas que la chambre des députés ait rempli tous
» ses devoirs, et qu'il l'attribue à la réunion dans
» cette chambre d'un grand nombre de fonction-
» naires publics. En conséquence, l'auteur con-
» seille de choisir pour députés des citoyens qui
» ne soient pas fonctionnaires. »

Le ministère public a formellement avoué que
la chambre des députés n'est pas défendue par
la loi du 9 novembre ; mais il a prétendu qu'une
injure envers la chambre, est une injure envers
la nation qu'elle représente, et qu'il vaudrait
mieux moins parler du vœu public, et ne pas le
méconnaître lorsqu'il est exprimé par la majorité
de la chambre.

Il me suffirait sans doute de prendre acte de
la concession du ministère public, et d'en conclure que le passage dont il s'agit n'est point criminel, puisqu'aucune loi ne le punit. Mais on
trouve dans ce passage une irrévérence, une espèce de crime de *lèse-nation*. Détruisons encore ce dernier reproche.

D'abord je ne vois point ici d'injure ; je vois
des faits : si ces faits sont vrais, quel mal peut-il
y avoir à les réimprimer.

Si l'on disait au public que, parce qu'une

chambre de députés était composée, pour les trois quarts, de fonctionnaires, on ne doit point payer les impôts qu'elle a votés ; on ferait sans doute un acte très-criminel, parce que l'autorité vit d'obéissance, et qu'il faut toujours, avant tout, que l'obéissance reste à la loi : mais raconter qu'un tel député a parlé et voté en faveur d'une dépense qu'il a proposé comme ministre, et dont il doit profiter lui-même dans une troisième qualité, ce n'est autre chose qu'analyser le procès-verbal, et présenter l'histoire fidèle de la dernière session de la chambre. S'il se glisse des faits inexacts dans cette narration, les députés qui se croiraient blessés dans leur honneur peuvent prendre la voie de l'action en calomnie.

Le peuple le plus célèbre de l'antiquité avait une institution bien auguste, bien touchante, bien propre à ennoblir l'obéissance, à modérer le pouvoir. Les rois d'Égypte, après leur mort, étaient soumis à une espèce de jugement public, et on ne leur rendait les derniers honneurs qu'après que chaque citoyen avait fait entendre ses plaintes, et produit les preuves de son accusation. La mémoire du roi défunt était jugée avec sévérité, et le jugement qui intervenait n'accordait la royale demeure qu'aux monarques dont la main ne s'était pas souillée d'injustice ou de cruauté. Coutume sainte que les bons rois n'ont jamais redoutée, et qui a retenu quelquefois les oppresseurs !

Pourquoi donc voulez-vous que les citoyens appelés à prononcer, comme députés, sur les plus grands et les plus chers intérêts de leur pays, n'es-suient pas, en descendant de la tribune, le jugement de leurs commettans, du sort desquels ils ont souverainement disposé? Pourquoi voulez-vous les investir d'une inviolabilité inutile aux gens de bien, et desirable seulement pour ceux qui voudraient spéculer sur la plus noble mission qu'un citoyen puisse recevoir.

Ah ! plutôt encourageons cet usage, au lieu de le proscrire. Accréditons ce principe tutélaire de la responsabilité morale des députés envers le peuple qu'ils ont représenté. Complétons par les mœurs ce système de liberté que la charte a posé sur des fondemens indestructibles. Que désormais chaque député, en déposant son vœu dans l'urne de la loi, puisse se dire : « Tous mes con-
» citoyens me voient, m'écoutent et me jugent:
» la justesse de mon opinion, la pureté de mes
» motifs tombent également sous la juridiction
» du public. La haine et l'ignorance pourront me
» prêter des intentions qui ne sont pas les mien-
» nes, me prêter un but que j'ignore; mais ma
» conscience me consolera de l'injustice des
» hommes. J'aime mieux qu'on abuse contre
» moi de la censure constitutionnelle, que d'en-
» lever à mes commettans un droit aussi sacré. »

Les principes que nous avons d'abord posés rendrons facile l'examen qui nous reste à faire, et qui doit porter sur le texte des pages 237 et 238, toujours relatives au budget.

Le passage lu par le ministère public est ainsi conçu :

Pages 237, 238.

« Avant d'examiner si les frais que nous fai-
» sons pour l'entretien d'une armée sont pro-
» portionnés à la force et aux besoins de cette

» armée, il y aurait peut-être une première re-
» cherche à faire ; ce serait de savoir si l'armée
» elle-même ne serait pas inutile à notre sûreté,
» et si, sous ce rapport, la dépense entière ne
» serait pas superflue.

» L'expérience a déjà assez démontré l'insuf-
» fisance des armées permanentes pour résister
» aux grandes invasions. Contre ce que nous
» pourrions avoir à redouter de la part des gou-
» vernemens qui nous tiennent sous le séquestre,
» la nôtre serait évidemment impuissante. Nous
» ne saurions même en entretenir une assez forte
» pour écarter les dangers qui pourraient nous
» venir de ce côté ; et, le pussions-nous, il se-
» rait insensé de faire les dépenses qu'exigerait
» l'entretien d'une telle armée, pour nous ras-
» surer sur des périls que nous devons regarder
» comme imaginaires.

» D'ailleurs, pour nous prémunir et pour se
» prémunir contre de tels périls, le gouverne-
» ment a un bien meilleur moyen que d'entre-
» tenir de nombreuses armées ; c'est de nous in-
» téresser à le défendre ; c'est de nous traiter
» plus doucement que ne ferait l'ennemi ; c'est,
» dans une année de détresse, de ne pas prendre
» *onze cent millions* sur nos revenus ; c'est de
» ne pas nous donner, en retour, des *lois d'ex-*
» *ception* et *des cours prévôtales* ; c'est de ne
» pas payer, sur nos deniers, 93 millions de
» pensions à des hommes qu'en *général nous ne*
» *connaissons pas*, à qui peut-être nous som-
» mes fort peu redevables, qui, dans tous les
» cas, ne sont pas plus à plaindre que la plupart
» de nous, et qui, comme nous, pourraient
» bien peut-être travailler pour vivre ; c'est enfin

» de défendre vingt-cinq millions d'hommes la-
» borieux contre l'avidité de quelques milliers
» d'intrigans, et de conquérir ainsi l'affection
» et l'appui *de ces vingt-cinq millions d'hommes.*

» Voilà des moyens qui lui donneraient assu-
» rément plus de forces réelles que l'entretien
» de la plus grande force armée. Nous ne dirons
» pas cependant qu'il doive se passer de toute
» force semblable. »

Le ministère public a pensé que les prévenus
avaient voulu dire que le Roi n'a pas su nous
défendre contre quelques milliers d'intrigans, et
qu'il n'a pas su encore conquérir l'affection et
l'appui de vingt-cinq millions d'hommes. C'est-là,
vous a-t-on dit, une injure, une calomnie bien
directe contre le Roi.

Pour bien comprendre le sens de ce passage,
il faut remonter un peu plus haut. C'est à la
page 230 que commence le sens de la page 237,
où l'on a placé l'accusation.

Voici cette page 230 :

« Après cette fâcheuse dépense, la plus regret-
» table de celles auxquelles elle (1) a donné son
» consentement, c'est bien, sans contredit, celle
» que nous avons à faire pour l'acquittement, si-
» non de la totalité, du moins d'une forte partie
» de cette masse énorme de pensions qui ont été
» distribuées, depuis quelque temps, par nos
» ministres, et notamment par celui de la guerre.
» Une pension accordée ostensiblement, et pour
» de bons motifs, est sans doute une dépense
» juste et utile. Un homme qui a exercé hono-

____

(1) La chambre des députés de 1816.

» rablement, pendant un temps plus ou moins
» long, des fonctions publiques peu lucratives,
» et qui, en se retirant, se trouve à la fois sans
» fortune et sans une industrie propre à lui en
» procurer, mérite sans doute que l'état vienne
» à son secours, et lui assure des moyens d'exis-
» tences qu'il aurait acquis, s'il s'était livré à
» l'exercice d'une profession productive, et dont
» il ne manque que parce qu'il a donné son temps
» au public, et qu'il l'a servi avec probité et dé-
» sintéressement. Un homme qui se livre à des
» travaux d'une utilité publique incontestable, et
» qui en même temps ne trouve pas dans ces
» travaux des moyens suffisans de vivre, ou même
» un salaire proportionné à la grandeur des ser-
» vices qu'il rend au public, ne mérite pas moins,
» sans contredit, qu'on lui assigne une pension
» sur les revenus de l'état. Mais autant une faveur
» accordée pour de tels motifs et par un acte os-
» tensible de l'autorité, est digne de considéra-
» tion ; autant le public doit faire avec plaisir les
» fonds nécessaires pour l'acquitter ; autant il doit
» juger avec défaveur et payer avec répugnance
» des pensions distribuées dans le secret des mi-
» nistères, et pour ainsi dire clandestinement ;
» des pensions accordées à des hommes qu'il ne
» connaît pas, et pour des motifs qu'il ignore.
» Il peut arriver alors, et il arrive fréquemment,
» sans doute, qu'on l'oblige à salarier, avec le
» fruit de ses sueurs et de ses fatigues, non-seu-
» lement des hommes qui ne lui ont jamais rendu
» et qui ne lui rendent encore aucun service,
» mais encore des hommes qui lui ont fait et qui
» continuent à lui faire beaucoup de mal, des

» hommes toujours prêts à soutenir l'administra-
» tion dans les mesures les plus désastreuses , et
» à l'approuver dans ses dépenses les plus désor-
» données. Qui sait si , dans la multitude de ceux
» qu'il paie, il ne s'en trouve pas en grand nombre
» de l'une et de l'autre sorte. »

Nous avons eu occasion de le dire ailleurs, et c'est une vérité , à laquelle le ministère public a donné par son adhésion tout le poids de son au-torité : un livre , une idée ne peuvent être bien saisis que dans l'ensemble des développemens qui les composent, et ce serait une *maxime déso-lante* que celle qui autoriserait à prendre une ligne isolée pour y trouver à force d'inductions une pensée punissable, sans tenir compte ni des antécédens, ni des conséquences ; lorsque ce n'est que par les antécédens et les conséquences , que le but de l'auteur, le sens de ses paroles peuvent être justement appréciés.

Fixons bien d'abord le véritable sens du pas-sage dont il s'agit, avant d'examiner l'inculpation du ministère public.

L'auteur a pour but d'examiner l'utilité des dé-penses allouées par le budget : ce but n'a assu-rément rien que de très-légal , de très-constitu-tionnel.

L'auteur pose d'abord des règles sur les pen-sions. Ces règles paraîtront à tout le monde émi-nemment sages et patriotiques. Il applique ces règles à la répartition actuelle des pensions, à cet accroissement de *sine cures* , qui suivant l'expres-sion de la commision , *menaçait d'envahir la for-tune publique.*

Viennent ensuite les réflexions de la commis-
sion sur la profusion des pensions, et les mesures
proposées pour arrêter les progrès des abus. Ici,
qu'il me soit permis de remarquer que le ministère a pris dans cette circonstance l'initiative de
la réforme et de l'économie, et que sous ce
rapport on ne peut qu'applaudir à la direction de
ses mesures.

L'auteur de l'article semble desirer qu'on eût
apporté autant de courage pour réformer les abus
existans, que pour arrêter leur accroissement; ce
vœu, qui est celui d'un bon citoyen, ne saurait
être répréhensible, quoiqu'on puisse respecter
d'ailleurs les ménagemens politiques qui ont com-
mandé la modération dans l'amour du bien.

En général, le but de l'auteur de cet article
paraît être d'obtenir une grande diminution dans
les places salariées, afin de diminuer d'autant les
besoins de l'état, et par conséquent les contribu-
tions publiques. Peut-être est-il allé trop loin dans
ses idées de perfectibilité politique; punirez-vous
comme coupable de lèze-majesté, l'écrivain pai-
sible qui ne conspire pas, qui ne trouble pas l'ordre établi, qui respecte les bases de l'autorité
royale, les formes consacrées par la Charte, mais
qui dévoré de l'amour du bien public, séduit par
une imagination brillante, s'égare avec Platon ou
l'abbé de St.-Pierre dans les champs d'une utopie
imaginaire?

L'abbé de St.-Pierre, aussi, s'est élevé contre
les grandes armées. Platon, aussi, a donné des
plans de politique; combien d'autres auteurs ont
exercé leur génie sur des recherches de bien public : je n'en connais encore aucun que l'on ait

puni pour avoir trop présumé de la perfectibilité de ses contemporains.

Mais poursuivons.

« Ne voyez vous pas, dit le ministère public,
» que l'auteur accuse le Roi de n'avoir pas su
» nous défendre , et de n'avoir pas su mériter
» l'affection et l'appui de son peuple. Quelle in-
» jure plus cruelle peut-on adresser à un père
» que de lui reprocher de n'avoir pas mérité
» l'affection de ses enfans ? »

Elle est touchante sans doute cette compa-raison d'un père avec un Roi ; elle flatte le cœur, elle honore également le Roi qui en est l'objet, et l'orateur qui rappèle sous cette allégorie des sentimens chers à tous les Français.

Toutefois l'intervention nécessaire et la res-ponsabilité des ministres, la coopération des deux chambres , la perversité, la faiblesse ou l'ineptie des agens que l'autorité royale peut employer , tout cela jette quelque sombre dans ce tableau si touchant et si doux ; et *le gouvernement consti-tutionnel vit moins d'images que de raisons.*

Je répondrai au ministère public, que l'in-terprétation qu'il donne au passage indiqué est contraire aux vues de l'auteur, au but de l'écrit, et même aux règles des inductions.

D'abord il n'est question dans ce passage ni de la personne du Roi, ni de son autorité ; on n'y parle que du *gouvernement*, c'est-à-dire du ministère. On examine, non pas si l'on doit obéir à cette autorité, non pas si le Roi a le droit de régner sur nous ; mais si les ministres qui exercent une portion de cette autorité, en font

un usage conforme ou contraire aux intérêts na-
tionaux.

Dans tout cela, il ne saurait être question du
Roi ; d'abord, parce qu'il n'y est pas nommé ;
ensuite, parce que le mot *gouvernement*, pris dans
ses rapports avec la responsabilité morale ou
légale, ne s'entend que des ministres qui gouvernent au nom du Roi, et en vertu de l'autorité
que le Roi leur a déléguée. Il ne s'agit dans ce
passage que de faits auxquels pourrait s'appliquer
la responsabilité ministérielle : il ne s'agit donc
pas du Roi.

Que signifient ces mots : *Nous intéresser à
le défendre?* On ne défend pas le ministère, a
dit la partie publique, on défend le Roi.

Puisque nous en sommes à des argumentations
de collège, je vous dirai, s'agit-il de défendre le
Roi à la frontière contre les ennemis extériéurs ?
Mais on ne défendrait la personne du Roi à la
frontière, qu'autant qu'elle serait engagée dans
quelque danger personnel, et ce n'est point
ce cas dont il se peut agir ici. Que si le Roi n'est
pas présent à la frontière, ce n'est pas le Roi que
défendront les troupes, c'est la *Patrie*, comme
l'indiquent assez les mots sacrés, donnés par le
Monarque lui-même, pour être la devise de cet
ordre célèbre qui ne connaît d'autre guide que
l'honneur.

Si vous parlez d'une rebellion intérieure, c'est
encore la patrie ; c'est toujours la patrie et le Roi,
et le Roi et la patrie que défendent les soldats.

La construction grammaticale du passage ne
signifie donc pas qu'il s'agisse de défendre la personne du monarque, puisqu'aucun des cas où il

peut avoir besoin de défense ne peut s'entendre du passage actuel. Ce passage, en employant le mot *gouvernement*, signifie donc autre chose que la personne du Roi ; c'est donc le ministre, l'administration qu'il s'agit de défendre ; c'est donc lui et non pas le Roi qu'on accuse de n'avoir pas su défendre la nation de quelques milliers d'intrigans. Ce sont là en effet des opérations administratives, essentiellément étrangères à la personne de Sa Majesté.

Quel est donc le sens des lignes qu'on a citées ? Il s'agit d'un système d'administration à préférer à un autre système, — Et l'on dit à l'administration ministérielle actuelle : *Si vous voulez que nous, Peuple, nous vous envoyons des députés disposés à vous soutenir contre vos rivaux, administrez dans tel et tel sens, réformez tels et tels abus. Dans le cas contraire, nous enverrons des députés qui se joindront à vos rivaux pour supplier le Roi de vous enlever le pouvoir, afin de le confier à de meilleurs mains.* Dans un pays où tous les maux sont oubliés quand on a dit *ah si le Roi le savait;* ces mots veulent-ils dire autre chose si ce n'est, nous éclairerons le Roi sur les abus que vous ne voulez pas réformer.

Eh quels sont ces abus dont on sollicite respectueusement la réforme ? C'est la profusion des pensions que la chambre des députés déclarait *être près d'envahir la fortune de l'état;* ce sont les cours prévôtales, filles et compagnes des orages politiques ; ce sont les lois d'exception qu'un orateur du conseil d'état accusait *d'avoir détruit toute confiance dans le sein des familles, et d'avoir sappé les fondemens de la morale*

avec ceux de la tranquillité publique et privée.
J'épargne au tribunal la citation des nombreux
discours par lesquels les orateurs ministériels , le
président de la chambre des députés, le rappor-
teur lui-même ont attesté hautement les dangers
de cette suspension redoutable des droits les
plus sacrés.

« On reproche au Roi, continue la partie pu-
» blique, de n'avoir pas sû conquérir l'affection
» de ses sujets ! »

Voilà donc où conduit la théorie des interprétations ! On substitue le Roi aux ministres , et un
reproche formel à une supposition hypothétique ;
on donne un sens détourné à une phrase qui présentait naturellement un sens facile et innocent ;
on s'obstine à ne voir que des énigmes dans les
propositions les plus claires.

On ne cessera de le répéter ; il ne s'agit point ,
il ne se peut s'agir ici du Roi ; il s'agit des ministres ; il ne s'agit pas du Prince, car le Prince est
au-dessus des soupçons comme des critiques ; il
ne peut mal faire, mais il s'agit des ministres,
parce qu'ils peuvent mal faire ; il s'agit de leur
système, parce qu'il peut être mauvais ; il s'agit
de leurs personnes, parce que la responsabilité
est là, et que ceux qui peuvent être accusés et
jugés, peuvent à plus forte raison être critiqués.

On leur dit : vous avez établi une nouvelle ère
d'administration à compter du 5 septembre ; jus-
tifiez votre triomphe par la réforme des abus qui
sont de vous, lorsque tout le bien est du Roi.
Vous avez besoin de l'affection et de l'appui de
la nation , parce que ce n'est que par là que vous
conserverez la confiance du Monarque, qui ne

veut, qui ne peut vouloir que le bonheur de ses
sujets.

Où donc est le crime dans cette généreuse liberté? Est-ce manquer de respect au Roi que
d'indiquer à ses ministres des abus à réformer,
du bien à faire, du mal à corriger, c'est-à-dire en
leur montrant le moyen de bien mériter tout à
la fois de la couronne et de la nation.

Voilà aussi des interprétations; mais celles-là
du moins sont avouées par la Charte; elles sont
en harmonie avec les principes bien connus des
deux accusés; elles ne répugnent ni à la raison,
ni à l'humanité; et sur-tout elles seront favora-
blement accueillies par le cœur des magistrats
qui, entre deux interprétations douteuses, pré-
féreront celle qui offrirait le plus de faveur à
l'accusé.

« Vainement voudrait-on vous dire : il faut
» que la critique soit respectueuse et modérée,
» et celle des prévenus manque de modération
» et de respect. »

Sommes - nous ici devant un jury chargé de
prononcer sur des formes de politesse, et sur
l'élégance du langage; ou plutôt ne parlons-nous
pas devant des juges chargés d'appliquer la loi
dans toute sa sévérité, mais aussi dans sa rigou-
reuse pureté?

Où est la loi qui fixe les bornes de la politesse
et de la modération? Où est la loi qui ne permet
que les reproches doux et polis? Nous n'en connaissons pas; mais nous connaissons la Charte
qui permet la critique de tous les actes ministériels sans exception; nous connaissons une loi
pénale qui punit les calomnies ou les injures

contre le Roi, les atteintes portées contre son autorité. Si la politesse n'est un devoir, nulle part le manque de politesse n'est un crime.

Le style est tout l'homme, a dit un grand écrivain qui peignit la nature avec cette sublimité de pinceaux digne de son modèle. *Le style est tout l'homme;* le caractère d'un auteur, ses affections, *ses* études, son humeur grave ou enjouée, tendre ou sévère, se peindront en effet dans ses écrits, malgré lui et presque à son insu. Un écrivain sera doué d'un esprit disposé aux choses graves et mûri par des études exactes : son génie pénétrant et sublime embrassera dans leur ensemble et dans leurs détails toutes les vérités morales et mathématiques; il planera à la fois sur tous les hommes, et *de leur cœur profond sondera les replis;* ce sera Pascal gravant sur l'airain ce livre *des Pensées* qui, dans son éloquente précision, révèle si bien le néant et la grandeur de l'homme Un autre trouvera dans une imagination brillante, dans un cœur tendre, dans un goût exquis, et dans une raison élevée de quoi peindre les pieuses douleurs d'Andromaque, et la magnanimité du roi de Macédoine. Bourdaloue, avec cette austérité qui dédaigne de sanctifier l'usage des transitions oratoires et des passions du cœur humain, viendra, non pour persuader, mais pour convaincre, non pour conseiller ni pour attendrir, mais pour commander, sans autre ressource qu'une raison foudroyante et la sainte autorité de son ministère.

Ainsi donc, ce serait vainement que vous essaieriez, par des conseils ou par des punitions, d'obtenir d'un écrivain ce que la nature lui a

refusé. En vain vous demanderiez à l'auteur
d'Emile le facile enjouement, l'amabilité pi-
quante du vieillard de Ferney. Laissez chaque
écrivain être lui-même. Si vous voulez qu'il soit
autre chose que ce que la nature a voulu qu'il
fût, vous lui donnerez une forme étrangère,
sous laquelle ses pensées seront toujours gênées,
et cet essai de transformation violente n'attes-
tera d'ordinaire que l'inutilité de vos efforts.

S'il se présente un écrivain dont les ouvrages
soient constamment revêtus de formes impéra-
tives, et empreints de cette force de style qui
donne du trait au langage, et qui fait presque
toucher la pensée; si des faits, vrais d'ailleurs,
y sont toujours disposés de manière à faire rai-
sonner sans secours et conclure sans suggestion;
si on y trouve partout répandues des idées éle-
vées, des plans de perfectibilité indéfinie, des
vues dont la permanence et la précision systé-
matique annoncent une conviction raisonnée
plutôt qu'une impression passagère; dites alors,
et dites-vous sans crainte : cet écrivain sent fortement, parce que son cœur palpite à de grandes
vues d'utilité générale; il pense avec précision,
parce qu'il ne se décide qu'après avoir long-
temps pesé et raisonné; il dédaigne, à tort, peut-
être, les graces du langage, parce qu'il croit que
la vérité n'a pas besoin de parure, et que son
cœur n'a pas besoin de déguisement : un tel
écrivain exprimera d'une manière énergique ce
qu'il sent avec énergie; ses pensées seront toujours directes et positives; et l'absence des or-
nemens donnera une certaine âpreté à des propositions dont quelques voiles auraient pû rendre

la lumière moins offensante pour des yeux af-
faiblis.

Un tel écrivain sera-t-il coupable parce que la
nature l'aura fait sentir d'une manière plus pro-
fonde, penser avec plus de netteté, et s'énoncer
sans détour?

Il ne sera pas plus coupable que tant d'autres
qui enveloppent chaque jour des doutes et des
conjectures, avec un appareil de voiles laborieu-
sement préparés, et qui emploient toutes les res-
sources de la rhétorique pour déguiser à leurs
lecteurs les vestiges des sensations qui ont à peine
effleuré leur cœur de glace.

Chacun écrit comme il parle, comme il pense,
et comme il sent.

Les formes brusques et les inconvenances de
langage que l'on reproche aux auteurs du Censeur Européen, ne sauraient leur être imputées
à crime : elles tiennent à des dispositions morales que la nature a données à ces écrivains,
et qu'une jeunesse passée dans les orages et l'op-
pression a dû nécessairement affermir.

Et quand il serait vrai que quelques expressions amères auraient échappé de la plume de
l'auteur; quand il aurait exprimé sa pensée ou ra-
conté certains faits, avec cette énergie que donne
la conviction à une ame indépendante et forte;
quand il aurait omis certaines précautions oratoires qu'on peut désirer, mais qu'on ne peut
exiger; que pourrait on en conclure? qu'il aurait
calomnié ou injurié le Roi? non sans doute, puisque parler durement des ministres n'est pas in-
jurier le Monarque.

Qu'il aurait calomnié ou injurié les ministres?

Mais s'il en est ainsi, les ministres peuvent porter plainte en calomnie, en conformité des lois ordinaires, au lieu de faire intenter l'action de sédition, par une confusion intolérable de la personne ministérielle avec la personne auguste du Monarque.

Quoi qu'il en soit, n'oubliez pas, Messieurs, que la plupart des reproches élevés contre la loi du budget par l'auteur du Censeur, les réflexions qu'il propose, souvent même les expressions dont il se sert, sont empruntées aux orateurs mêmes des deux chambres : nous citerons sur-tout les pages 223, 225, 226, 232, etc., etc.

N'oubliez pas que le rédacteur de l'article accusé n'était autre chose que l'historien de la discussion des deux chambres, qu'il n'a pu omettre les opinions diverses, les objections et les réfutations. Ce serait se jouer de la bonne foi publique, ce serait réduire la liberté de la presse à un droit illusoire et fantastique, que de punir les écrivains pour avoir fait l'histoire des débats parlementaires, sur une matière aussi éminemment nationale que la discussion des dépenses publiques.

La partie poursuivante vous l'a dit avec autant de vérité que d'énergie ; la culpabilité de l'écrivain commence là où finit l'utilité. Eh bien ! voilà la règle par laquelle nous consentons à être jugés nous-mêmes : appliquez cette mesure à chacun des passages incriminés, et vous n'en trouverez pas un seul qui ne se recommande à la reconnaissance publique, et qui, par son utilité, ne garantisse ses auteurs de la peine que l'on appelle sur leurs têtes.

Messieurs, nous vivons dans une époque où la nation est jalouse de ses droits : la liberté est ombrageuse et craintive, et ce sentiment nous est permis, peut-être, après avoir couru pendant un quart de siècle après un vain fantôme : la liberté de la presse n'est reconnue parmi nous que d'hier, et nous naissons au gouvernement représentatif : vos décisions, ordinairement si sages et toujours si religieusement méditées, n'ont fait jusqu'ici que punir les abus de cette faculté constitutionnelle ; il est temps que vous en consacriez le légitime usage. Vous avez assez fait pour la maintien du pouvoir ; faites quelque chose pour la liberté de la pensée. Rassurez-la contre l'effroi qu'elle éprouve : c'est une auxiliaire utile et nécessaire dans un régime représentatif : utile dans tous les temps, elle est nécessaire quand on entre dans une carrière inconnue ; elle est la sentinelle qui veille aux pieds du trône ; elle avertit les Rois des souffrances publiques ; elle porte dans les palais les larmes du pauvre et les murmures du mécontent : et si son langage est durable et uniforme, souvent le monarque prévient bien des maux et essuie bien des larmes qu'il aurait ignorées s'il n'eut connu que des vérités officielles.

Qui oserait désormais critiquer les dépenses publiques, examiner leur utilité, faire apercevoir le danger de tels ou tels impôts, porter un œil scrutateur sur la régularité de telle ou telle mesure, sur la nécessité de telle ou telle institution temporaire, si on ne répond à des faits que par des accusations, à des raisons que par condamnations ?

Qui oserait imprimer désormais les moindres réflexions sur l'économie politique, quand vous aurez jugé séditieuse la réproduction des faits consignés dans le procès-verbal, et des raisounemens développés par les orateurs des deux chambres?

Je vous le dirai avec la franchise de mon ministère, que résulterait-il de la décision qu'on vous demande ?

Qu'en résulterait-il ?.... Il en résulterait un effroi général parmi les écrivains politiques. Une défiance secrète s'emparerait de tous les esprits ; vous accréditeriez les insinuations de la malveillance. Les plaintes du peuple ne parviendraient plus aux pieds du trône. Vous auriez le silence, mais vous ne feriez qu'étouffer les plaintes, si d'ailleurs elles pouvaient exister ; conséquence déplorable pour le peuple, qui verrait ainsi altérer une de ses plus nobles prérogatives, mais plus déplorable encore pour le Monarque, à qui vous enleveriez tout moyen de connaître la vérité sans fard et sans nuage.

Ainsi vous rejeterez cette partie de l'accusation relative à la discussion du budjet. Vous déclarerez que les expressions qu'elle peut contenir ne se réfèrent point au Roi, mais aux actes officiels de l'autorité des ministres; vous déclarerez que le passage ne contient ni calomnie ni injure contre S. M., et que ce n'est point porter atteinte à l'autorité royale que de démontrer que telle ou telle partie de l'administration publique pourrait recevoir une direction plus conforme aux intérêts de la nation.

Il ne reste plus qu'à examiner la partie de

la culpabilité relative au mémoire de Sainte-Hélène.

§ 2. *Mémoire venu de Sainte-Hélène.*

Que je suis fort dans la défense, en arrivant à cette partie de l'accusation! toutes les difficultés semblent s'être applanies; les principes ne seront plus l'objet de nos controverses, et je n'aurai plus à repousser les argumentations du ministère public. Il me suffira des concessions de sa franchise, pour détruire les conséquences qu'en a tirées sa rigueur. C'est ici que la bonne foi des écrivains qu'on accuse brille dans toute sa pureté; c'est ici qu'elle frappe tous les yeux et pénètre dans tous les cœurs. Les magistrats ne se refuseront pas sans doute à cette douce évidence.

Il fut un homme aux pieds duquel le continent européen s'est tû pendant quinze années; mais enfin, le vent de la colère céleste a soufflé sur ce colosse, et la terre qui gémissait sous son poids s'est réjouie de sa chûte. Le même mouvement qui a dissipé sa puissance, a délié des millions de langues que la crainte ou l'espérance retenait captives, et les ressorts secrets de ce pouvoir devenu odieux, ont été dévoilés au grand jour par ceux qui l'adoraient la veille. Depuis que la victoire a enchaîné cet homme sur un rocher de l'Atlantique, la nécessité comme la prudence interdisent parmi nous ses souvenirs qui ne peuvent plus que nous nuire. Dans ces conjonctures un ouvrage a été lancé en

Europe, avec un titre propre à piquer la curiosité, et des caractères qui ne pouvaient que réveiller des passions, déjà prêtes à s'éteindre de lassitude et d'inanition.

L'authenticité de cet écrit, sur lequel je ne m'expliquerai pas davantage, me touche peu : c'est une question sur laquelle je dois glisser : il est des points sur lesquels il serait dangereux d'insister.

J'examinerai les rapports de cet écrit avec les prévenus, et je n'ai pas besoin de savoir s'il est en effet de l'auteur à qui sa forme semblerait l'attribuer. A l'exemple du ministère public, je ne raisonnerai sur ce sujet épineux, que d'une manière hypothétique.

En mars dernier, cet écrit a été publié à Londres chez John Murray (Albemarde-Street). J'ai dit ailleurs qu'il y en avait eu trois éditions successives : je me trompe; il y en a eu cinq, en Angleterre ou à Bruxelles; on ne peut porter à moins de quarante mille le nombre des exemplaires répandus en Europe, sans compter l'insertion textuelle qui en a été faite dans des journaux publics étrangers. Ces exemplaires ont pénétré en France, malgré la sévérité des douanes : il y a, à Paris, plus de trente mille personnes qui ont lu ces imprimés : ils se sont vendus 5 fr. l'exemplaire, au prix le plus bas de la librairie; tous ceux qui ont voulu les acheter les ont eus : plus de deux mille copies manuscrites ont été faites, et sont multipliées chaque jour par une ignorante curiosité.

Comme le ministère public vous l'a dit, et comme les auteurs du Censeur Européen l'ont

imprimé depuis long-temps, pour quiconque
sait lire, cet ouvrage n'est pas dangereux. Sur
les hommes éclairés, il ne peut produire aucun
effet ; il n'est à craindre que pour les esprits faibles ou ignorans : aux yeux de ceux-là il pouvait
paraître un panégirique du personnage qui en
est l'objet.

Dans cet état de choses, les auteurs du Censeur ont pensé qu'il serait utile, au bien public,
de réfuter cet écrit, afin de détromper ceux de
ses lecteurs sur lesquels il aurait pu exercer quelque influence.

Au point de publicité qu'il avait atteint, malgré les sages précautions de l'autorité, on pouvait dire qu'il était connu de toutes les personnes qui peuvent prendre plaisir à la lecture d'un
traité purement politique. Le faire lire de nouveau aux personnes qui le connaissaient déjà, était
une démarche sans danger, nécessaire pourtant
pour que la réfutation pût produire tout son
effet.

Par une lettre adressée à un fonctionnaire
éminent chargé de la surveillance de cette partie, ils l'ont prévenu de l'intention où ils étaient
de réimprimer le mémoire de Sainte-Hélène,
avec une réfutation. Si cette réimpression, ainsi
accompagnée, eût paru présenter le moindre
inconvénient, il y avait lieu d'attendre de la
loyauté de cet éminent fonctionnaire, et sur-tout
de son zèle pour le service du Roi, qu'il en aver-
tirait les auteurs du Censeur, et préviendrait
ainsi une publicité dangereuse. L'avertissement
donné par les prévenus était une preuve assez

positive de leur intention de déférer, à cet égard,
aux plus légères alarmes de l'autorité supérieure.

Faut-il voir dans ce silence un piége tendu à
la simplicité des deux prévenus? ne valait-il pas
mieux arrêter dès le principe une publication
que l'on devait punir un peu plus tard?

L'ouvrage a été imprimé ; la procédure dont
vous êtes aujourd'hui saisis a commencé ; quelques jours après que la prévention eût été fixée
par une ordonnance émanée d'une des chambres
de ce tribunal, laquelle déclare formellement
que *le manuscrit de Sainte-Hélène a pour but
d'affaiblir l'autorité du Roi, et contient des
provocations à l'invocation du nom de l'usurpateur et de son fils* ; en présence de cette ordonnance, le manuscrit dit de Sainte-Hélène a
été publié de nouveau, dans une édition donnée
chez Michaud.

Ici je ne puis retenir l'expression de ma doulou-
reuse surprise. A Dieu ne plaise que je reproche
à la justice d'avoir deux poids et deux balances ;
mais comment se fait-il que l'écrit de Sainte-
Hélène, qui depuis un mois se vend publiquement dans l'édition de Michaud, sans que
l'autorité y fasse la moindre attention, ne
devienne un crime que lorsque les auteurs du
Censeur le publient? Qu'on avoue que l'écrit
de Sainte-Hélène n'est coupable que parce qu'il
est publié par les auteurs du Censeur, ou bien
que l'on poursuive à la fois tous ceux qui le
publient; car il ne saurait être plus répréhensible
dans les presses du Censeur que dans celles de
M. Michaud.

La discussion du ministère public au sujet de cette partie de la cause a eu pour objet d'établir, 1°. que le manuscrit de Sainte-Hélène présentait le personnage à qui il est attribué, comme un homme extraordinaire, comme le chef de la révolution, seul capable d'en représenter les intérêts; que cet écrit contient en outre des passages injurieux au Roi; et que le passage, relatif au fils de l'auteur, constituait une véritable provocation séditieuse.

Le ministère public a conclu de là que le livre est séditieux en lui-même.

Il a examiné ensuite si les nouveaux éditeurs de cet écrit (qu'on admette ou non qu'il était publié auparavant) étaient coupables quoiqu'ils ne l'eussent publié qu'avec une réfutation.

La marche du ministère public a tracé d'avance la route que nous devons parcourir.

N'attendez-pas, Messieurs, que nous entrions dans un examen approfondi des passages qui vous ont été présentés comme essentiellement criminels. Il nous serait sans doute facile d'établir que la plupart de ces textes ne sont nullement propres à élever le piédestal du colosse politique qu'on nous accuse de vouloir relever; mais nous nous abstiendrons d'une discussion sur des faits et des personnes auxquelles il ne nous paraît pas convenable d'attacher, en ce moment, l'attention publique.

Nous pourrions prouver que cet écrit contient, d'ailleurs, sur la personne même de S. M., plusieurs passages propres à prouver que le prince qui nous gouverne sait commander le respect à ses ennemis. Delà nous arriverions à cette con-

séquence, que les critiques qu'on y a cherchées
pour les appliquer à la personne même du Roi
ne peuvent l'être qu'à des actes de son gouvernement.

Mais, accordons au ministère public que l'é-
crit de Sainte-Hélène est destiné tout à la fois à
servir de panégirique au personnage qui en est
l'objet, et à réhabiliter sa mémoire comme politique et comme militaire. Qu'il soit, puisqu'ainsi
le veut-on, le chef de la révolution. Qui pourrait lui envier ce sanglant patrimoine ?

Mais que s'ensuivra-t-il de ces concessions ?

.Que le livre contient des doctrines séditieuses,
et par conséquent de fausses doctrines ; car il n'y
a de véritables doctrines que celles qui sont favorables à l'ordre ; qu'il contient des maximes
favorables au pouvoir absolu, des faits inexacts,
de mauvais raisonnemens ; c'était donc un livre
à réfuter.

L'assertion contenue en la page 148, au sujet
d'un jeune enfant, ne me paraît pas avoir l'importance que le ministère public lui a prêtée.
Que peuvent redouter d'un enfant de six ans, fils
d'un père proscrit par l'Europe entière, une
dynastie de soixante-dix-huit rois, et une monarchie de quatorze cents ans ?

Ce passage contient ou une prédiction, ou
bien un raisonnement fait pour soutenir les espé-
rances d'un parti. Si ce n'est qu'une simple prédiction fanatique, c'est une jonglerie qui ne peut
pas troubler l'État. Mais si c'est un raisonnement,
destiné à rassurer un parti que le temps et la raison
détruisent chaque jour, que peut-on faire
encore de mieux que de le réfuter ?

Analysons ces idées.

Supposons qu'une proclamation soit *partout répandue*, de la part, ou au nom de l'auteur prétendu du manuscrit : il y dira, ou on y dira pour lui : « *Je suis le plus grand homme qui* » *ait jamais existé.—Je vous ai rendu le peu-* » *ple le plus heureux de la terre : je ne puis* » *plus régner sur vous ; mais mon fils régnera* » *après moi.* »

Dans le système. de l'accusation, voilà quelle devrait être l'analyse du mémoire : si cette proclamation incendiaire est dans toutes les mains, et qu'on ne puisse en arrêter la circulation, que reste-t-il à faire ?

Ce sera de démontrer par la plus forte des raisons, par l'autorité des faits que l'auteur n'est pas le plus grand homme de l'histoire, qu'il est dénué de talens et de vertus, et qu'il a laissé la France le pays le plus malheureux du monde. Quand à son fils, faut-il répondre à une prédiction par une autre prédiction ?

Non ; cela ne suffirait pas. Prouver que l'événement prédit ne peut pas arriver ne serait rien encore, car les passions passent facilement pardessus la possibilité ; il faut prouver que cet événement est contraire à tous les intérêts, qu'il ne peut guérir aucune plaie, qu'il doit en ouvrir de nouvelles.

Prouvez aux hommes qu'ils ne doivent pas désirer une chose, et bientôt les raisons de probabilité disparaîtront dans leur esprit, à mesure que leur cœur s'y trouvera moins intéressé.

Voilà des réflexions puisées dans le cœur humain, et que vous ne perdrez pas de vue dans ce qui nous reste à parcourir de cette discussion.

J'accorde volontiers que le mémoire n'est pas sans dangers, quoique je ne puisse y reconnaître tous ceux que le ministère public a entrevus.

Je me borne à soutenir que les auteurs du Censeur ne doivent pas être punis comme s'ils avaient mis au jour le livre dont il s'agit.

Fixons nous un peu sur cette idée, et établissons par des exemples, les principes que l'on suit en pareille matière.

Lorsqu'un écrit émané d'un gouvernement renversé, ou bien publié sous ce gouvernement, a un caractère de publicité qui ne permet à personne d'ignorer son existence, *ce n'est pas un crime de le réimprimer*, à moins qu'il ne soit évident que celui qui le réimprime a eu le dessein de servir par-là l'autorité dépossédée.

C'est un principe constamment pratiqué parmi nous, avant et depuis la loi de novembre 1815. On n'a jamais rendu responsable des intentions de l'auteur de l'écrit déjà publié, celui qui le donne de nouveau au public, avec des intentions toutes différentes.

Chacun n'est responsable que de ses faits et de ses intentions personnelles; c'est une vérité de tous les temps et de tous les lieux.

La composition d'un écrit, et sa première publication, voilà un fait, qui peut être rendu plus ou moins criminel par le but que s'est proposé l'auteur; car d'après la nature de ce but, le fait peut constituer un crime de lèze-majesté au premier chef, ou un délit de sédition, ou un simple délit de calomnie.

(79)

Mais lorsque cet écrit a été déjà publié, lorsqu'il a produit tous les résultats que son auteur s'était proposés, ou bien qu'il lui était donné de produire, celui qui avec une intention différente le publie de nouveau, serait-il puni comme le premier ? Cela n'est pas possible.

Aussi, la loi du 9 novembre, qu'on veut nous appliquer, soit dans son article 5, soit dans son article 9, exige l'intention et le but du crime. *Tenté d'affaiblir par des calomnies ou des injures le respect dû au Roi*, dit l'article 5. L'article 9 punit aussi *les provocations indirectes aux délits énoncés à l'article 5*. D'où il suit que c'est le but qu'on aura eu *d'affaiblir le respect*, ou de *provoquer indirectement* à cet affaiblissement qui constitue véritablement le délit prévu par la loi de novembre.

La partie poursuivante doit donc pour le fait de la réimpression, comme pour tous les autres, établir positivement l'intention criminelle.

Il est donc faux de dire que l'auteur de la réimpression s'approprie le livre, et doive être puni comme s'il en était l'auteur, à moins que de prouver que le rééditeur avait la même intention que l'auteur : c'est un point sur lequel nous allons revenir.

Il est temps de citer les exemples de l'application du principe.

On se souvient de plusieurs écrits qui ont circulé long-temps manuscrits en juillet, août et septembre 1815, sous le titre de *rapports du duc d'Otrante au Roi :* il y a un peu plus d'un an qu'il a paru dans divers pays de l'Europe, une

lettre supposée adressée par le même personnage
à M. de Wellington. J'en appelle à tous ceux qui
ont lu ces pièces, (et certes, elles sont assez pu-
pliques) , ne contiennent elles pas les atteintes
les plus directes au respect dû à la personne ou
à l'autorité du Roi? Elles n'avaient point encore
été imprimées en France; elles n'y avaient circulé qu'en manuscrit, et d'après des copies faites
sur les journaux étrangers.

Voilà, certes, un exemple que le ministère public ne pourra pas récuser.

Lorsque ces pièces eurent acquis une assez
grande publicité, pour qu'il devint nécessaire
de diminuer le mal qu'on ne pouvait plus arrêter, ces pièces furent réimprimées avec des réfutations. Les premières pièces, les rapports au
Roi, ont été publiés par un chevalier de Saint-
Louis, qui a ajouté des notes réfutatives; la lettre
à M. de Wellington a été publiée par un écrivain
connu pour son dévouement à la cause de la légitimité.

Plus récemment encore nous avons vu reproduire,
dans une histoire des campagnes de 1814 et 1815,
les proclamations du golfe Juan, les actes et les
déclarations du gouvernement des cent jours ; et
une *histoire des deux chambres de Bonaparte*,
qui a eu deux éditions, a conservé les déclama-
tions les plus calomnieuses des plus violens orateurs contre l'auguste maison régnante. N'a-t-on
pas retrouvé dans un recueil intitulé *Biographie
des Hommes vivans*, jusqu'à la fameuse déclaration de l'acienne armée, au camp de la Villette.
Enfin nous citerons encore cette nouvelle édition

du manuscrit de Sainte-Hélène, donnée chez Michaud.

Que s'ensuit-il de ces exemples? c'est que l'historien qui recueille des matériaux pour l'instruction de la postérité, le philosophe politique qui examine dans le silence du cabinet un système de gouvernement, ne doivent pas être confondus avec les personnages qu'ils traduisent à leur tribunal, et dont les actes et les écrits sont invoqués comme pièces de conviction contre eux-mêmes:

Ainsi, le jurisconsulte qui examinerait aujourd'hui les votes émis dans le procès du plus malheureux de nos Rois, et qui prouverait par les textes de l'accusation, par les pièces même de ce simulacre d'instruction, qu'on viola, à l'égard de cette tête auguste, les formalités les plus saintes et les lois les plus positives ; on pourrait donc l'accuser de s'approprier les calomnies qui conduisirent le Roi martyr à l'échafaud, par cela seul qu'il reproduirait l'accusation pour la réfuter.

On voit où pourrait conduire cette proposition du ministère public, qui consisterait à dire que celui qui réimprime un écrit s'en approprie la doctrine, et se rend responsable de son contenu, quoiqu'il ne l'ait reproduit que pour réfuter son contenu.

Vainement dira-t-on, j'accorde ce principe, mais seulement pour les écrits publiés en France ; ceux qui ont été publiés dans les pays étrangers sont dans un cas différent.

Je réponds d'abord que les exemples cités repoussent cette distinction ; car les rapports et la lettre du duc d'Otrante, dont j'ai déjà parlé, n'avaient jamais été réimprimés en France, avant les éditions qui les ont accompagnés de notes. Ainsi, ce qui a été permis à ces éditeurs, pourquoi serait-ce un crime pour les auteurs du Censeur.

En second lieu, la distinction entre les écrits publiés en France et ceux qui ne l'ont pas été, est véritablement frivole. Nous connaissons bien des décrets impériaux pour la police de la librairie ; nous en connaissons qui imposent des droits et des conditions fiscales sur les livres importés de l'étranger ; mais ces droits et ces conditions fiscales ne sont calculés que dans l'intérêt du fisc, et pour débarrasser les presses françaises d'une concurrence toujours dangereuse : une fois les livres introduits en France, leur condition est la même que celle des livres français, et leur circulation n'est soumise qu'aux principes du droit commun.

Mais d'ailleurs pourquoi admet-on que la réimpression est coupable pour les livres publiés à l'étranger, et ne l'est pas pour ceux de l'intérieur ? a-t-on autre chose à considérer en cette matière, si ce n'est le point de fait si le livre a été réellement connu du public, et si la réimpression ne peut rien apprendre à personne. Or, il est évident que tel livre, imprimé à l'étranger à vingt mille exemplaires, et introduit en France à dix mille, aura eu plus de lecteurs en France, que tel autre écrit imprimé librement à Paris à mille exemplaires ; cependant la doctrine du ministère public ne va à rien moins qu'à refuser au premier la publicité qu'il accorde au second ; en telle sorte qu'un ouvrage qui aura eu vingt mille lecteurs n'est pas public, et celui qui n'en a eu que mille le sera.

Enfin, en rentrant même dans la distinction du ministère public, ne doit-on pas considérer comme imprimé à l'étranger, un ouvrage imprimé en France sous un gouvernement ennemi de la maison royale; et, cependant, ces ouvrages se réproduisent librement, lorsqu'il est évident que celui qui les réimprime a une toute autre intention que celle de rappeler l'autorité qui n'est plus. Témoins l'Histoire des campagnes de 1814 et 1515, l'Histoire des deux chambres de Bonaparte, et la Biographie des hommes vivans. Ainsi, ce qui est permis à ces auteurs est un crime aux écrivains du Censeur.

Il est donc faux de distinguer entre l'écrit imprimé à l'étranger, et celui imprimé en France : il ne faut donc s'attacher qu'à un seul point de fait; l'ouvrage qu'on réimprime est-il généralement connu en France, ou bien ne l'est-il pas. S'il est généralement connu, la réimpression n'ajoutera rien à sa publicité, et l'intention dans laquelle cette réimpression sera faite, loin d'être coupable, peut au contraire détruire le mauvais effet de l'écrit déjà publié, et avoir pour but de rendre service à l'ordre public.

Il est donc faux de déclarer le rééditeur coupable de l'intention de l'auteur lui-même, lorsque l'intention de l'un et celle de l'autre peuvent avoir été tout à fait opposées, lorsque, par exemple, l'un aura voulu par cet écrit se justifier et se louer, et que l'autre aura voulu par la réimpression , accuser cet auteur des faits les plus graves, et des vices les plus odieux.

« Le ministère public insiste et dit : De qui » émane le délit? — De l'éditeur. Puisque c'est » lui qui fait passer l'ouvrage de l'état d'ouvrage » inédit à celui d'ouvrage publié. »

On répond que ce n'est que par abstraction , et par une fiction inadmissible que l'on considère comme non publié, un ouvrage publié à l'étranger; le manuscrit de Sainte-Hélène, par exemple, qui est mille fois plus connu à Paris que tel mélodrame joué publiquement et imprimé depuis plusieurs années avec approbation et privilége. Ce n'est pas par des fictions que l'on crée des délits; la publicité est un fait, et lorsqu'elle existe, on ne la détruit pas en déclarant qu'elle n'existe pas.

Oui, le délit est du second éditeur, s'il y a délit; mais ce délit doit être apprécié par l'intention de l'éditeur lui-même, et non par celle de l'auteur; et cette appréciation doit avoir pour base la publicité de fait, qui a précédé la réimpression; parce que c'est d'après ce fait seul que l'éditeur a pû juger du danger de la réimpression.

Qu'importe, après cela , la comparaison avec un manuscrit dérobé au portefeuille de l'auteur, et imprimé par le voleur? Sans doute, l'on devra punir alors, non pas l'auteur, mais l'éditeur; mais qu'y a-t-il de commun entre cette hypothèse et celle d'un écrit qui a reçu autant de publicité qu'aucun ouvrage publié en Europe dans ces dernières années.

On invoque avec aussi peu de fondement l'art.

368 du Code pénal, qui punit les calomnies quoiqu'extraites des journaux étrangers : on répond encore ici par l'intention ; car il est évident que celui qui extrairait d'un journal étranger, répandu partout en France, une calomnie dirigée contre un particulier, *mais seulement pour la réfuter et la détruire*, ne serait pas coupable, tandis que celui qui l'extrairait seulement pour en propager la lecture, serait bien certainement répréhensible.

C'est donc encore ici uniquement l'intention de l'auteur de la réimpression qu'il faut considérer : c'est l'intention seule, c'est elle qui rend le second éditeur innocent ou criminel.

Le ministère public, lui-même, a paru le sentir, lorsqu'en parlant d'un passage qui lui a paru fort grave, de celui relatif au fils de l'auteur, il a déclaré qu'assurément ce passage avait eu un but criminel dans l'intention de cet auteur. Qu'importe ce but criminel dans l'intention de l'auteur, si celle de l'éditeur a été tout à fait opposée ? Il ne faut pas punir l'un uniquement parce que l'autre aurait été punissable.

Examinons donc l'intention des auteurs du Censeur Européen dans la réimpression du mémoire de Sainte-Hélène. — D'abord pour mieux saisir le contraste, deux mots sur celle de l'auteur du mémoire, telle du moins qu'elle paraît percer dans toutes les pages de l'écrit.

Quel que soit l'auteur de ce manuscrit, j'admettrai, avec le ministère public, qu'il s'est proposé pour but le panégirique du personnage dont il raconte l'histoire, et l'apologie de son pouvoir. — Comme le ministère public, j'admettrai

que cet écrit ne peut, sous aucun rapport, faire
d'impression sur les lecteurs sages et impartiaux,
mais qu'il est un certain nombre d'hommes ignorans ou faibles, dont les passions pourraient être
par-là agitées d'une manière dangereuse.

N'oublions pas que ce personnage est Napoléon, et que ce système c'est le gouvernement
impérial.

Il ne suffit pas ici de s'envelopper dans des
abstractions, il faut aborder franchement la vérité.

Pour que les seconds éditeurs de cet ouvrage
fussent coupables comme l'auteur lui-même, il
faudrait qu'ils eussent partagé les motifs de cet
auteur, et que, comme lui, ils n'eussent eu d'autre
but dans la réimpression que de loüer la personne
de Napoléon, et de faire l'apologie de son système politique.

Si donc on démontrait qu'au lieu d'avoir en
vue ce résultat si criminel, ils se sont proposé
au contraire de détruire, par l'autorité des faits,
les éloges de Napoléon, et de démontrer que le
système politique qu'il a suivi, et qu'il devait nécessairement suivre, a causé tous les malheurs de
notre patrie ; il faudra bien qu'on établisse quelque différence entre le panégiriste complaisant,
et l'inflexible critique des hommes et des choses
du gouvernement impérial.

En supposant que quelques réticences pussent
conduire indirectement la pensée des malveil-
lans sur le fils d'une souveraine étrangère, que
pouvaient faire de mieux les réfutateurs du fa-
meux manuscrit, que de prouver aux moins clair-
voyans que l'ordre politique, que ramènerait un

événement qu'on ne croira jamais possible , ne changerait rien aux vices et aux dangers inhérens au régime impérial.

Il y avait deux manières de réfuter le livre : l'une était de commenter page par page , ligne par ligne ; l'autre consistait à embrasser dans son ensemble le système qu'on accuse aujourd'hui les prévenus de vouloir rétablir : la première méthode eut été longue et embarassante. La seconde a paru aux auteurs plus brève et plus décisive. C'est celle-là qu'ils ont embrassée : elle les dispensait d'examiner pièce à pièce chaque phrase, puisqu'il n'en est pas une dont les principes ou les conséquences ne soient comprises dans la réfutation générale.

Démontrer que le retour du gouvernement impérial n'est pas desirable, c'est faire plus que de prouver qu'il n'est pas possible ; car c'est enlever le desir de l'obtenir à ceux qui le croirait possible encore.

Maintenant sera-t-il nécessaire de poser la question , si les auteurs du censeur ont dû avoir, en écrivant la réfutation, le même but que l'auteur du mémoire en l'écrivant ? Quoi ! faudra-t-il prouver que les prévenus n'ont pu avoir pour motif le desir de rappeler Napoléon ou sa famille, et qu'ils n'ont pu obéir qu'à des motifs tout-à-fait opposés ?

Dans la première partie du procés, l'ordonnance de prévention qualifie le livre de Sainte-Hélène de *provocation indirecte à l'invocation du nom de l'usurpateur et de son fils.* — Vainement le ministère public a-t-il voulu convertir ce reproche en atteinte indirecte portée au respect dû au Roi, au moyen de *calomnies* ou *d'injures*.. L'ordonnance de première instance ayant obtenu l'autorité de la chose jugée, son texte doit être respecté, et nous devons nous en tenir à l'accusation qu'elle articule.

Eh bien nous l'acceptons cette accusation ! c'est à elle que nous voulons répondre, puisque c'est comme *Buonapartistes* que la chambre du conseil nous a constitués en prévention.

Les auteurs du Censeur *Buonapartistes !*

Les auteurs du Censeur auraient voulu provoquer à l'invocation du nom de *l'usurpateur et de son fils !*

Ils auraient voulu ramener *l'usurpateur ou son fils !*

Ils auraient voulu réhabiliter la mémoire d'un gouvernement qu'ils ont combattu avec force, avec persévérance, et avec quelques dangers, je dois le dire.

Mais oublie-t-on que ces auteurs sont MM. Comte et Dunoyer, qui ne doivent le nom qu'ils ont acquis dans le monde politique, qu'à l'infatigable constance, qu'au zèle vrai, qu'au talent bien connu avec lequel ils ont poursuivi jusqu'aux derniers souvenirs des conquérans, de l'esprit militaire, et de ce pouvoir absolu qui a si long-temps pesé sur notre patrie ?

Que l'accusation, du moins, ne froisse pas toutes les règles de la vraisemblance, toutes les probabilités du cœur humain. Qu'on ne suppose pas que deux hommes doués de quelque fermeté, peut-être, après avoir attaché leur gloire à des souvenirs d'indépendance, viennent ainsi gratuitement désavouer leur vie passée, renier leurs

propres écrits, rougir tout à la fois de leurs affections et de leurs haines, et sacrifier aux pieds
de l'idole abattue, qu'ils ont defiée naguères sur
le piédestal de la victoire.

Que ne m'est-il permis de m'emparer du noble
langage du ministère public! que ne m'est-il permis de rappeler la franchise avec laquelle il a
développé les titres des prévénus à l'estime publique; ce langage était digne, sans doute, de
l'orateur magistrat, qui n'accuse jamais qu'à
regret, et qui saisit les moindres lueurs de l'innocence, avec autant d'empressement que nous-
mêmes.

Destinés, par leurs études, à la science des lois,
les prévenus n'ont paru dans le monde politique
qu'à la restauration de 1814 : déjà l'un d'entr'eux
avait marqué son opposition au pouvoir impérial,
en signant *non*, lors des votes sur la déclaration
d'empire ; l'autre s'était abstenu de voter.

Le recueil politique du Censeur, né avec la
première restauration, s'annonça dès l'origine
avec le caractère d'une généreuse indépendance.
Ce caractère, qui depuis ne s'est pas démenti,
lui a valu quelqu'estime en Europe, et des succès
en France. Que, si depuis notre nouvelle constitution, l'opinion publique a paru tout à la fois
plus ferme et plus éclairée, le recueil dont je
parle n'y a peut-être pas été étranger ; et, du
moins, ses nombreux lecteurs n'y ont jamais
puisé que l'amour pour la Charte et pour les institutions qu'elle consacre, l'horreur pour la ty-
rannie, le dégoût des conquêtes, le desir de la
paix, le respect des propriétés et de l'industrie.
Les auteurs ont toujours confondu dans leur

aversion, le système féodal, celui des révolutions, et le pouvoir militaire.

Cependant, arrivait cette époque de deuil qui fera verser tant de larmes à la France : avec le mois de mars 1815, allait s'ouvrir pour nous cette scène de défaites et de ravages, et d'une destruction pacifique, dont l'histoire n'avait pas offert encore d'exemple.

Les hommes qui ne connaissaient pas de milieu entre ramper aux pieds de l'autorité, ou la combattre en ennemie, voyaient dans MM. Comte et Dunoyer les précurseurs des troupes de l'île d'Elbe; mais ceux-ci donnèrent à leurs calomniateurs un noble démenti; et bientôt, par une brochure célèbre, publiée après l'entrée à Lyon, ils appelèrent tous les Français aux armes pour marcher à la défense, non plus seulement de la légitimité, mais de leurs lois, de leurs foyers, de leur patrie.

C'est ainsi qu'alors *ils provoquaient l'invocation du nom de l'usurpateur et de son fils.*

Dans un volume du Censeur, publié après le 20 mars, ils examinaient avec une audace qu'on taxa de crime alors, qu'on appellerait aujourd'hui témérité, à quel titre commandait en France cette autorité nouvelle qui s'était installée sous le drapeau tricolor. Ils établissaient qu'on ne devait aucune obéissance à un pouvoir qui n'avait d'autres titres que des acclamations recueillies sur les grands chemins.

Napoléon pourtant commandait alors dans le palais des rois; et ceux qui avaient résisté la veille ne songeaient déjà plus qu'à faire oublier leur résistance par un plus profond abaissement.

Il ne manqua alors pas de flatteurs empressés qui peignirent les auteurs du Censeur comme des séditieux et des provocateurs à l'*invocation* du nom *des Bourbons.* De là, saisie du livre par la police impériale; dénonciation à la Cour supérieure; mais cette Cour, quoique mutilée par l'autorité militaire, n'avait point répudié ce noble héritage d'indépendance qui forme la dotation de la magistrature française. Le procureur-général, par de sages remontrances et d'austères avis, empêcha cette poursuite, et montra ainsi ce que peut, dans des temps d'orages, un magistrat revêtu d'un grand pouvoir, lorsqu'il y joint un grand caractère et une haute vertu.

Plus tard, les auteurs du Censeur déclarèrent juridiquement, et devant un juge d'instruction de ce tribunal, qu'ils regardaient comme une imputation calomnieuse et propre à attirer le mépris public, celle d'avoir coopéré à l'invasion des troupes de l'île d'Elbe.

Les voilà ces Bonapartistes si décidés qui s'exposent à mille dangers, sous une autorité ombrageuse et toute puissante, pour protester de toute la force des principes contre l'occupation militaire.

Voilà ces hommes qu'on accuse d'avoir voulu provoquer à l'invocation du nom de *l'usurpateur et de son fils.*

Ils auraient pu, durant les cent jours, porter, dans la cause du pouvoir impérial, tout le poids de leur popularité; s'ils avaient été avides de places ou d'argent, comme on les a représentés dans la dernière audience, ils auraient pu alors accèpter des places et de l'argent ;..... ils n'en ont pas voulu.

. Servaient-ils alors la cause ou du père ou du fils?

. Ecrivains indépendans, citoyens courageux, lorsque vous rameniez sans cesse les esprits et les cœurs vers la charte royale, lorsque vous protestiez, avec tant d'énergie, contre l'occupation militaire, et que votre livre était saisi et vos personnes menacées par la police impérial; qui vous eût dit que quelque mois plus tard vous seriez accusés d'avoir voulu servir la cause perdue que vous aviez dédaignée quand elle était triomphante, et qu'après avoir combattu Napoléon aux Tuileries, vous seriez accusés d'avoir voulu le ramener de Sainte-Hélène? Qui vous eût dit que quelques mois plus tard, poursuivis comme Bonapartistes, on déploierait contre vous dès les premiers pas de la procédure une rigueur inouie dans ces sortes d'instructions; et qu'après avoir vu les prévenus des délits du même genre libres pendant l'instruction, libres après la condamnation, vous seriez, vous, arrêtés dès l'interrogatoire, séquestrés de la société civile, et confondus avec les plus vils malfaiteurs, sans pouvoir même obtenir la liberté sous caution?

Vous auriez dit (et ce n'aurait pas été sans raison), il n'est pas possible qu'après avoir été poursuivis comme royalistes sous Bonaparte, nous soyons poursuivis comme Bonapartistes sous le Roi, sans avoir pourtant changé de principes, de caractère ni de langage.

Il serait inutile, sans doute, et trop long, peut être, de vous prouver que les prévenus n'ont

(93)

point changé de principes depuis la seconde restauration. J'ai rapporté dans le mémoire que j'ai
publié, des preuves frappantes, extraites des
deux premiers volumes du Censeur Européen.

Vous reconnaîtrez, sans doute, comme un
fait constant, dans la cause, que les auteurs du
Censeur Européen sont les hommes les plus opposés, par principes et par caractère, aux hommes et aux choses du gouvernement impérial, à
Napoléon comme à son système, à ses courtisans
comme à sa famille. Toute la vie politique de ces
écrivains a été successivement employé à combattre son pouvoir et à désenchanter ses souvenirs.

On a prétendu, dans le cours de la procédure,
que la réfutation avait été faite de *mauvaise foi*,
c'es-à-dire avec le dessein d'exalter et de faire
chérir le personnage qui en était l'objet. Cette
idée paraît abandonnée aujourd'hui, car elle n'a
pas été reproduite dans le réquisitoire du ministère public.

Tenons donc pour certain que cette réfutation
a été faite de *bonne foi*, de *très-bonne foi*, c'est-
à-dire dans la vue de détromper les personnes,
s'il en est encore, qui pourraient être accessibles
à des regrets pour le système impérial.

Si l'on admet la *bonne foi*, il faut donc qu'on
admette l'innocence de l'intention avec laquelle
a été faite la réimpression du mémoire de Sainte-
Hélène ; d'où se tire la conséquence nécessaire
que l'intention des éditeurs n'a rien de commun
avec celle de l'auteur.

Cette vérité une fois confessée, il m'impor-
tera peu de savoir si cette réfutation est com-

plète ou si elle ne l'est pas ; j'accorderai même,
si l'on veut, qu'elle aurait pu être mieux faite,
ou faite d'une autre manière, tout cela m'est in-
différent ; car, dès-lors que la réfutation est sincère, la réimpression n'est donc plus criminelle,
puisque vous serez forcés de convenir qu'elle a
été faite avec une intention non repréhensible.

Vainement viendra-t-on vous dire que la réfutation n'est pas faite dans un sens constitutionnel, et qu'elle ne fait que substituer à des passions
dangereuses d'autres qui ne le sont pas moins.

Je ramenerai toujours l'argumentation à ce
point. Y a-t-il eu bonne foi ? S'il y a eu bonne
foi, intention louable, il n'y a donc pas de délit.

S'agit-il d'examiner séparément la réfutation,
le ministère public convient qu'elle n'est pas séditieuse, qu'elle n'est pas un délit : dès-lors elle
est donc innocente ; elle peut contenir des erreurs
politiques ; mais des erreurs ne sont pas des crimes ; on les réfute, on ne les condamne pas.

« Un poison a été donné avec l'antidote, a dit
» le ministère public : si l'antidote a détruit la
» maladie causée par le poison, il y a excuse ;
» — il n'y en a pas dans le cas où le malade a
» succombé. »

Si nous acceptions la comparaison, nous pour-
rionr dire que le poison a été détruit par l'antidote ; mais la comparaison n'est pas exacte : le
poison était pris ; il circulait partout, il parcou-
rait toutes les veines du corps social, et aucune
force ne pouvait en arrêter les progrès : que
pouvait-on faire ? En calmer les résultats ; et
pour continuer la métaphore, appliquer des re-
mèdes adoucissans. Voilà ce qu'ont fait, ce

qu'ont voulu faire les auteurs du Censeur. La distribution du poison n'est pas leur fait ; la publicité du mémoire leur est étrangère.

Pourquoi le publier, objectera-t-on ? Pour mieux le réfuter.

Et quel autre motif ?

Ce n'était pas sans doute le dessein de *provoquer à l'invocation* du nom *de l'usurpateur et de son fils*.

Au milieu de tant d'objections accumulées au sujet du mémoire de Sainte-Hélène, il me semble qu'il serait possible de démêler une idée générale que l'on pourrait traduire ainsi : il faut punir les rééditeurs du mémoire de Sainte-Hélène, parce qu'ils sont criminels ; ils sont criminels, parce qu'il est dangereux de parler, soit en bien, soit en mal, de certains personnages ou de certaines époques de l'histoire.

Il était trop facile de répondre à une pareille argumentation ; car les magistrats ne peuvent connaître de délits, que ceux que la loi a d'avance caractérisés et punis.

Je conviendrai avec le ministère public, qu'une loi prohibitive serait peut-être utile à cet égard ; car il faut bien qu'à la fin disparaissent du milieu de nous tous ces souvenirs qui agitent les passions, et réveillent les partis lorsque leur nom même devrait mourir parmi nous. Mais enfin cette loi prohibitive n'existe pas, et les inconvéniens de son absence ne doivent pas être imputés à l'imprudence des écrivains, mais au silence du législateur.

Ainsi donc, puisque la liberté de la presse est reconnue parmi nous, puisque son existence est

hautement avouée , il faut bien qu'on s'accou‑
tume à voir, de temps à autre, publier quelques
pièces sur le mérite desquelles les opinions se‑
ront partagées ; et au lieu de mettre la loi à la
torture pour parer à des inconvéniens imagi‑
naires, il vaut mieux accepter franchement les
conséquences d'un principe qu'on a proclamé ,
en attendant qu'on puisse , par de nouvelles pro‑
hibitions légales , prévenir le retour de toutes
discussions sur des faits et des hommes dont on
veut étouffer jusqu'au souvenir.

La voilà donc évanouie cette accusation , dont
le public s'est trop occupé , et qui , après avoir
présenté dès l'origine un caractère si formidable,
préparée depuis avec plus de maturité, est des‑
cendue jusqu'à n'être plus qu'une simple préven‑
tion correctionnelle de six délits différens, et
s'est enfin réduite à l'audience à deux chefs ,
qui sont près sans doute ausssi de disparaître
à leur tour.

Rentrés dans la chambre de vos délibéra‑
tions, vous péserez bientôt d'une balance in‑
dépendante et juste l'accusation et la défense;
vous comparerez le texte de la loi pénale avec
les faits du procès , avec l'intention des pré‑
venus; et, comme la loi, vous chercherez le
crime dans cette intention sans laquelle les faits
ne sont jamais punissables.

Appelés à appliquer une loi pénale , vous
songerez à l'ambiguité de ses termes, et vous
n'oublierez pas qu'une loi qui punit ne doit pas
être étendue au-delà du sens rigoureux de ses
expressions. S'il restait dans vos esprits quelque
doute sur l'interprétation, vous devez vous abs‑

tenir de punir, car votre serment vous l'ordonne, et nos ayeux tenaient pour maxime que les preuves en matière criminelle doivent *être plus claires que le jour*. Quel magistrat pourrait priver un citoyen de son honneur et de sa liberté, lorsqu'il lui reste quelque incertitude sur la criminalité des faits de l'accusation.

Le jugement que vous allez rendre ne sera pas renfermé dans la poudreuse obscurité d'un greffe: il retentira dans la France entière, et l'Europe appréciera par-là les progrès que nous avons faits dans les idées constitutionnelles.

L'effet de ce jugement ne se bornera pas à la personne même des prévenus ; tous les hommes consacrés à des études politiques seront au même instant frappés ou relevés par vous.

Vous avez vu l'intérêt général qu'ont excité dans cette capitale les différentes phases de cette procédure : vous voyez cette foule de citoyens distingués qui remplissent cette enceinte et assiégent les avenues du prétoire. Quel motif croyez-vous qui les a fait abandonner leurs travaux accoutumés, pour les conduire sous ces voûtes étrangères ? Serait-ce le besoin d'échapper au fardeau du temps, et de satisfaire une oisive curiosité ? Non, Messieurs, un sentiment plus noble et plus élevé réunit aux pieds de votre tribunal, et les sollicitudes de cette assemblée et celles du public qui remplit vos portiques, et la perplexité des citoyens de cette vaste cité : on attend de vous ou la condamnation de la liberté constitutionnelle de critiquer les actes du gouvernement, ou la consécration que doit recevoir de vos suffrages, ce droit si important et si sacré ; on attend, si au moyen d'une savante confusion entre le Roi et le ministère, le gouvernement et l'autorité personnelle du Monarque, on parviendra à obscurcir les notions les plus simples du système représentatif, et à envelopper ainsi les agens de tous les ordres dans cette sainte inviolabilité que la loi réservait à la majesté de la personne royale ; on attend enfin d'apprendre si la considération pusillanime de dangers imaginaires, vous fera introduire dans la loi pénale des prohibitions d'écrire sur des faits et des hommes déjà soumis au jugement de la postérité.

Noble curiosité ! puissante sollicitude ! puisqu'elle se rattache à la conservation des droits les plus sacrés. C'est l'attente religieuse d'un événement qui doit influer sur notre vie politique toute entière.

Toutefois, cet intérêt si vif et si général, pourquoi n'en pas attribuer à la personne même des prévenus la portion qui doit leur appartenir. Vous les connaissez, ces prévenus, dont les talens et le caractère ont obtenu de la voix même du magistrat que son devoir contraignait d'accuser, un témoignage, si plein, si sincère et si digne, par sa franchise, de l'orateur de la loi. Etrangers aux factions, hardis dans les dangers, fermes dans la paix, on les a vus toujours les premiers sur la brèche pour défendre les principes, ou pour attaquer les abus, par tout où ils ont cru les apercevoir. La pureté religieuse de leurs motifs ne fut jamais mise en problême ; ni l'or, ni les dignités, ni la louange, ni le blâme, ni la crainte, ni l'espérance, rien n'a pu les faire taire ou les faire

parler au gré des factions ; rien n'a pu les empêcher de poursuivre la noble tâche qu'ils ont juré
d'accomplir, de développer des principes qu'ils
croient utiles et vrais. Ce n'est pas des révolutions
qu'ils provoquent ; ce n'est pas aux passions qu'ils
s'adressent ; ils ne parlent qu'à la raison des
hommes éclairés, et protestent que les amélio-
rations opérées autrement que par les progrès de
la pensée, ne sont ni desirable, ni durables. Vous
les trouvez sous tous les gouvernmens, philoso-
phant sur la politique et ne conspirant jamais.
Sans doute ils ont pu se tromper, parce qu'ils
sont hommes ; mais leurs erreurs ont été si fran-
ches, leurs bonne foi a été si entière, qu'ils ont
mérité, même en s'égarant, le respect et la reconnaissance dus à une vie pure, à un caractère
noble, à des talens distingués, consacrés à des
travaux d'une utilité générale.

On a reproché à leurs censures des formes sé-
vères, des expressions désobligeantes et dures.
Mais assez d'écrivains, saisis à la vue du pouvoir,
d'un frisson révérentiel, iront abaisser à la porte
des antichambres la dignité de citoyen, et apprendre d'un commis quel est la vérité du jour.

Il sera toujours trop petit le nombre des
écrivains indépendans, qui, sans crainte et sans
espérance, diront la vérité telle que leur in-
telligence l'aura conçue, et non pas telle qu'on
leur aura ordonné de la concevoir.

Encourageons ces citoyens au lieu de les condamner ; et aujourd'hui, que le hazard met entre
vos mains le sort de deux écrivains qui, dans
cette école d'indépendance et de franchise, ont
eu l'honneur de l'initiative, et la consécration

du malheur, gardez-vous de troubler leurs pacifiques veilles : renvoyez-les à ces travaux qui alors même qu'ils se trompent, ne sont jamais sans utilité pour le bien public; et donnez, en proclamant leur inocence, un grand exemple de cette sagesse et de cette indépendance qui distinguent vos décisions.

C'est une justice que le public attend de vous, et que les auteurs du Censeur espèrent avec confiance.

Mais si leurs vœux étaient déçus!..... s'ils succombaient!..... Ah Messieurs, s'ils succombaient par votre jugement, vous les verriez encore résignés à leur sort, déplorer seulement le plus sacré de nos droits politiques, malheureusement méconnu dans leurs personnes.

MÉRILHOU.

De l'Imprimerie de Renaudiere, rue des Prouvaires, n°. 16.